Hans Ernst

Unter der Benediktenwand

Hans Ernst

Unter der Benediktenwand

Roman

rosenheimer

7., überarbeitete Auflage

Bearbeitung, Lektorat und Satz:
Pro libris Verlagsdienstleistungen, Villingen-Schwenningen
Titelfoto: Albert Gruber, © Rosenheimer Verlagshaus
GmbH & Co. KG
Druck und Bindung: Oldenbourg Taschenbuch GmbH,
Hürderstraße 4, D-85551 Kirchheim

ISBN 3-475-53586-6

1

Sie kommen die Straße von Birkenstein her, ein Mann und eine Frau.

Die Muttergottes von Birkenstein hat schon so vielen geholfen; die Tafeln und Sinnbilder an der Außenwand der Kapelle zeugen davon. Nun sind auch sie dort hingegangen in der Hoffnung auf Hilfe. Sie sind nicht krank, nicht schwächlich. Nein, es sind gesunde Menschen, die zwei Bauersleute aus der Jachenau. Doch etwas anderes bedrückt sie, darum haben sie die weite Reise unternommen.

Ferdinand Pacher ist ein großer, schlanker Mensch mit hellem Haar, etwa zweiundvierzig Jahre alt. In seinem Gang liegt federnde Kraft, und neben seiner hohen Gestalt wirkt die Frau an seiner Seite zierlich, obwohl auch sie nicht klein ist. Antonia Pacher, geborene Rüsch, ist im Mai dieses Jahres fünfunddreißig geworden. In ihrem ebenmäßig schönen Gesicht ist noch kein Fältchen zu sehen, doch um ihren Mund hat sich kaum merklich ein Zug eingegraben, der auf geheimen Kummer hindeutet.

Sie haben soeben Lenggries hinter sich gelassen und befinden sich bereits auf der Straße, die über gute vier Wegstunden in die Jachenau führt.

»Geht es noch?«, fragt der Mann und fasst, da jetzt keine Häuser und Menschen mehr sichtbar sind, wieder einmal nach ihrer Hand.

»Ja, ja, Ferdl, es geht schon noch. Bloß der linke Schuh drückt mich ein bisschen«, meint sie.

»Zieh doch die Schuhe aus und lauf barfuß«, schlägt er vor.

»Ja, wenn wir Wegscheid hinter uns haben, werde ich das machen.«

Wahrhaftig, die beiden hätten es nicht nötig gehabt, den weiten Weg zu Fuß zu gehen. Sie hätten nach Birkenstein fahren können, denn der große Hof auf dem Roßkogl unterhalb des Messnerberges ist ihr Eigentum. Aber dann wäre es ja kein Bittgang gewesen. Und sie hatten doch etwas erbitten wollen an der Gnadenstätte. Etwas erbitten, das anderen so reichlich und oft ungewollt in den Schoß fällt und unbegreiflicherweise gerade ihnen versagt zu bleiben scheint. Acht Jahre ist es jetzt her, dass sie im Gasthof zur Post in der Jachenau ihre große Hochzeit gehalten haben. Und sie haben damals gehofft, dass man bald die alte, blau bemalte Wiege vom Dachboden herunterholen könne. Aber die Jahre sind hingegangen, und Gott hat ihren sehnlichen Wunsch nicht erfüllt.

Es ist ein schöner Tag im September des Jahres 1919, als die beiden Hand in Hand auf der staubigen Straße dahinwandern. Die junge Bäuerin hat ihre Schuhe nun ausgezogen und trägt sie in der Hand. Das leise Wellengeplätscher der munter fließenden Jachen begleitet sie. Um die Wipfel der Fichtenbäume, die die Straße säumen, leuchtet hell das Sonnenlicht, und manchmal geht ein Windhauch durch die Zweige.

»Das hätte ich gar nicht geglaubt, Antonia, dass du so gut marschieren kannst«, sagt nach einer Weile der Bauer anerkennend.

»Soll ich weniger tapfer sein als du?«, fragt sie mit einem Lächeln zurück. »Aber vielleicht kehren wir in Tannern noch ein bisschen ein? Von dort haben wir dann noch zwei Stunden Fußweg zum Roßkogl. Wie lange sind wir denn heute schon gelaufen?«

»Sieben Stunden, schätze ich. Aber das macht nichts«, sagt er und fügt noch hinzu: »Hoffentlich war es nicht umsonst.«

Kaum aber hat er den letzten Satz gesprochen, bereut er ihn schon, denn er sieht, wie ihre Gesichtszüge versteinern und ein bitterer Zug wieder um ihren Mund zu erkennen ist, wie mit einem Stift eingezeichnet.

»Ich kann doch nichts dafür«, sagt sie leise.

»Weiß ich doch, Antonia. Ich hab's auch nicht so gemeint. Werde jetzt nur nicht ungeduldig. Wir sind ja noch jung genug.«

Da kann auch sie wieder ein wenig lachen.

»Zusammen sind wir jetzt immerhin schon genau siebenundsiebzig Jahre alt!«

»Aber im Herzen sind wir noch jung, und das ist die Hauptsache.«

Staub wirbelt unter ihren Schritten auf, und damit es nicht gar so langweilig wird, beginnt Antonia Pacher mit ihrer schönen Altstimme ein Lied zu singen, das sie früher gerne gesungen hat, in ihrer Kindheit, die sie jenseits der Benediktenwand, in Gschwend, verlebt hat. Sieben Geschwister sind sie gewesen, fünf Schwestern und zwei Brüder.

Oh, sie weiß genau, wie ihr Mann unter der Kinderlosigkeit leidet. Wie er sich innerlich grämt, wenn die anderen spöttisch fragen, wann auf dem Roßkogl endlich ein Stammhalter komme. Er lässt sich ihr gegenüber nur nichts anmerken. Er hat sich in der Gewalt und will ihr nicht wehtun. Aber sie sieht ihn oft grübelnd vor sich hinstarren, merkt, wie er zusammenzuckt, wenn sie ihn dann anspricht, und hört so manches Mal einen tiefen Seufzer von ihm, von dem sie weiß, was er zu bedeuten hat. Ach ja, es gibt so manche Anzeichen. Bedächtig und sorgfältig hat er früher am Hof die Arbeit geleitet. Jetzt stürzt er sich oft blindlings in sie hinein, so als habe ein dunkler Zorn ihn angefallen, den er an niemandem auslassen kann.

Jetzt nähern sie sich der Schemer-Alm und setzen sich dort ein wenig auf die Bank. Die Sonne ist schon weit nach Westen gerückt, und die Bäume des nahen Fichtenwaldes werfen bereits lange Schatten. Auch die Jachen rauscht etwas lauter. Mit bimmelnder Glocke wandern Kühe über das Almfeld und stauen sich dann vor der geschlossenen Stalltür.

Der Roßkogler steht auf und betrachtet sie mit kritischem Blick. Er ist zu sehr Bauer, um nicht sofort festzustellen, dass dieses Vieh nicht besonders gut gehalten wird. Und als die Sennerin jetzt über eine Hügelwelle her kommt, sagt der Roßkogler mit trockener Bissigkeit:

»Besonders viel brauchst du dir auf deine Klappergestelle nicht einzubilden. Da, die drei krummhörnigen dort, die sehen ja jämmerlich aus.«

Die Sennerin, weder jung noch schön, sondern schon ein älteres Frauenzimmer, wirft einen giftigen Blick auf den Bauern und möchte am liebsten sagen: Was geht's denn dich an, Roßkogler? Aber sie hat viel zu viel Respekt vor diesem großen Mannsbild, von dem sie weiß, dass er einer der reichsten Bauern in der Jachenau ist. So sagt sie lieber:

»Na ja, bei uns ist auch das Weideland nicht so gut wie bei dir.«

»Das mag schon sein, und dir mache ich auch keinen Vorwurf. Aber dein Bauer, der Manhart, ist nie ein guter Wirtschafter gewesen. Und wenn ich ganz ehrlich sein soll, nimm's mir nicht übel, Marianne, aber du bist doch schon ein bisschen zu alt, um auf die Alm gehen.«

Das ist selbst für die Marianne zu viel. Das Altwerden lässt sich keine gerne vorwerfen, und das will sich die Marianne auch von Ferdinand Pacher nicht bieten lassen. Ihr Spitzmausgesicht verzieht sich zu einem scheinbar freundlichen Grinsen, und hinterlistig sagt sie: »Da kannst du schon Recht haben, Roßkogler. Ein so guter Wirtschafter wie du ist er nicht, der Manhart, das bestätigt dir sicher jeder in der Gegend. Dafür hat er dir aber was anderes voraus, nämlich ein halbes Dutzend Kinder.«

Ferdinand Pacher läuft rot an, und er ballt die Fäuste. Die Sennerin ist nach ihrer Bemerkung gleich in den Stall verschwunden, und die Kühe drängen eilig hinter ihr hinein, denn sie wollen gemolken werden. Noch eine ganze Weile steht er da und starrt in das Abendrot, das feierlich über dem Hohen Zwiesler und dem daneben liegenden Achselkopf brennt. So lange schaut er hin, bis seine Augen schmerzen, und er fühlt, dass seine Erregung sich zu legen beginnt. Dann erst geht er wieder vor die Hütte.

Dort sitzt die Antonia, hat den Kopf an die Holzwand gelegt und ist eingeschlafen. Immer, wenn er sie so still betrachtet, spürt er die tiefe Freude, dass sie seine Frau ist. Er weiß, dass ihn viele um diese schöne Antonia beneiden, deren Tüchtigkeit als Bäuerin bis weit hinter Lenggries hinaus bekannt ist. Noch keine Minute hat er es bereut, sie genommen zu haben, obwohl sie aus einem kleinen Anwesen stammt und die Mitgift kaum ins Gewicht gefallen ist. Mit ihrem Eifer, mit ihrer Arbeitskraft, mit ihrer restlosen Hingabe an den herrlichen Besitz auf dem Roßkogl hat sie das längst wettgemacht.

Behutsam tippt er ihr auf die Schulter. »Antonia ...« Er muss sie erst noch rütteln, bis sie ganz zu sich kommt. »Wir müssen jetzt gehen, Antonia.«

»Ach so, ja.« Sie steht auf und hängt die Schuhe wieder über die Schulter. »Na so was, ich wollte doch nur ein bisschen verschnaufen, und dann schlafe ich gleich ein.« Sie fasst nach seiner Hand. »Packen wir's!«

Schweigend gehen sie nun dahin. Erst dort, wo der Reichenaubach in die Jachen fließt, fragt Ferdinand Pacher: »Warum redest du denn nichts mehr, Antonia?«

Sie schluckt ein paar Mal und drückt seine Hand fester. »Gerade habe ich daran gedacht, dass meine Schwester, die Barbara, jetzt schon ihr zweites Kind gekriegt hat.«

»Antonia, hör doch auf, darüber nachzugrübeln. Du machst es dir ja selber nur schwer dadurch!«

»Nein, aber wenn ich dran denke, dass die Barbara dir vor mir begegnet ist und dass sie dir gar nicht so schlecht gefallen hat ...«

Er lächelt, wie in Erinnerung versunken, still für sich hin.

»Ja, aber dann habe ich dich gesehen, damals auf dem Tanzboden. Von dem Augenblick an hat es für mich keine andere mehr gegeben!«

»Wenn ich aber nicht dort gewesen wäre, hättest du sicher die Barbara heimbegleitet. Wer weiß, wie dann alles gekommen wäre. Vielleicht wäre sie heute Roßkoglerin, und du hättest Kinder.«

»Ich hab' ja so auch ein Kind«, antwortet er trocken und lächelt hinterher. Verständnislos schaut sie ihn an.

»Wo hast du ein Kind?«

Er legt den Arm um ihre Schultern.

»Dich habe ich doch! Manchmal redest du wirklich daher wie ein Kind. Du warst für mich eben bestimmt, und alle anderen Überlegungen haben keinen Sinn.«

Endlich nähern sie sich Jachenau. Gespenstisch ragen die Umrisse des Kirchturms aus der Dämmerung. Als sie kurz vor dem Ort die Bachbrücke überschreiten, beginnen die Abendglocken zu läuten. Es wirkt, als ob sie es zu ihrem Empfang täten.

Der Roßkogler nimmt seinen Hut ab, und auch die Antonia faltet die Hände. Sie gehen nicht durchs Dorf, sondern biegen davor ab und steigen den schmalen Fahrweg bergauf zum Roßkogl. Eine letzte Kuppe gilt es noch zu bezwingen, dann sehen sie ihn liegen, den mächtigen Hof. Wie eine Trutzburg steht er da oben, und das kleinere Fischeranwesen, etwa fünfhundert Schritt daneben, sieht aus wie ein Spielzeug, das aus Gottes großer Spielzeugschachtel achtlos herausgefallen ist.

Schnell ist es Nacht geworden. Über der Benediktenwand flimmern die ersten Sterne.

»Jetzt werden wir's gleich haben, Antonia.«

»Ja, Ferdl, gleich sind wir daheim.«

Dreihundert Schritte noch. Dort ist schon die Gruppe der sieben Ahornbäume. Dann nur noch hundert Schritte. Sie hören bereits den Brunnen plätschern. Beim Fischer bellt der Hund. Im Roßkoglerhof zündet man gerade die Lampe an. Das Licht fällt freundlich, als ob es ihnen den Weg zeigen wollte, heraus in die Nacht.

Sie sind daheim.

Ein gutes halbes Jahr ist seit dem Bittgang nach Birkenstein vergangen, und es scheint so, dass auch dieser Weg umsonst gegangen worden ist. Die Enttäuschung ist dem Bauern deutlich anzumerken, und von Monat zu Monat wird sie für Antonia bedrückender.

Auch wenn er es nicht ausspricht, scheint er ihr insgeheim Vorwürfe zu machen. Antonia erschauert oft unter seinen forschenden, suchenden Augen.

Als dann dem Fischer drüben Ende März ein Kind, sein drittes, geboren wird, packt ihn so rasender Neid, dass er wie ein Irrer den ganzen Tag in den Wäldern umherrennt, und am Abend, beim Heimweg, macht er einen großen Bogen um das Fischeranwesen, aus Angst, er könnte dem kleinen, untersetzten Mann begegnen und müsse ihm dann gratulieren, ein freundliches Gesicht dazu machen, obwohl der Neid ihn zerfrisst. Er hört in den nächsten Tagen, dass es ein gesundes, kräftiges Mädchen ist, und lacht bitter auf.

»Denen geht doch alles wie nach Wunsch. Erst zwei Buben und dann ein Mädel.«

»Das nächste Mal soll es wieder ein Bub sein«, soll der Fischer geprahlt haben.

In diesen Tagen steht der Pacher oft wie verloren hinter seinem Hof und starrt hinüber zu dem kleinen Anwesen, auf das Gott seine Hand segnend gelegt hat.

An einem Morgen sitzt er in der großen Stube und hat das große Familienbuch vor sich liegen. Draußen ist ein heller, freundlicher Vorfrühlingstag. Die Palmkätzchen haben schon ausgeschlagen, und auf den Bergwiesen blühen die ersten Krokusse und Märzenbecher.

In dieses in Schweinsleder gebundene Buch hat schon sein Urgroßvater all das hineingeschrieben, was es über den Roßkogl und über die Jachenau zu berichten gab. Demnach soll die Jachenau einmal eine Siedlung des Klosters Benediktbeuren gewesen sein und ursprünglich »Tal Nazareth« geheißen haben. Unter dem Schutz des Klosters hatte sich dann die Jachenau im Laufe der Jahrhunderte zu einer wohlhabenden Gemeinde entwickelt.

Das hat der Urgroßvater eingetragen.

Der Großvater muss gründlicher gewesen sein. Seine Eintragungen sind alle mit einem Nachsatz oder mit einer Betrachtung ausgeschmückt. So zum Beispiel, als einer seiner Söhne, der Kajetan, im Kriege 1870/71 bei Sedan gefallen war. Da heißt es hinterher:

»Gott schenkt die Söhne, und ohne seinen Willen fällt kein Sperling vom Dach. Das Vaterland ruft die Söhne und lässt sie fallen, und man lässt es geschehen, weil sie uns sagen, dass auch darin der verborgene Wille Gottes sei.«

Sein Vater, der Tobias Pacher, hat keine Bemerkungen hinzugefügt. Seine Eintragungen sind kurz und trocken und beschränken sich nur auf das Notwendigste. So steht unter anderem:

»Heute Nachmittag 5 Uhr ein Sohn geboren. Lassen ihn Ferdinand taufen. Möge Gott es geben, dass er das Geschlecht der Roßkogler weiterführt.«

Ferdinand Pacher lacht bitter auf, als er das jetzt wieder liest. Er selbst hat in dieses Buch noch nicht viel eingetragen. Seit Jahren sind die Seiten leergeblieben. Heute aber hat es ihn gedrängt, seinen Kummer niederzuschreiben. In steilen, energischen Buchstaben steht da:

»Heute vor acht Jahren geheiratet. Bisher eine recht glückliche Ehe geführt. Aber leider immer noch keinen Erben. Sind im Herbst nach Birkenstein gewallfahrtet. Ist der ganze weite Weg für die Katz gewesen. Gibt so viel Ungerechtigkeiten auf der Welt. Andere kriegen Kinder, eins nach dem anderen, aber wir nicht ein einziges. Da soll man an der Gerechtigkeit Gottes nicht zweifeln!«

Es ist ganz still in der Stube. Die Fenster stehen weit offen, und die Frühlingsluft strömt wie auf unsichtbaren Wellen herein. Die Stare pfeifen um die Wette, im Hühnerstall gackern die Hühner und geben damit laut zu wissen, dass sie nicht umsonst die Körner fressen. Einmal hört man vom Stall her eine Kuh muhen. Pacher weiß es, die Kuh muht nicht, weil sie Hunger hat, sonst wäre ihr Rufen ungeduldiger. Gretel heißt die Kuh, und ihr Muhen ist nichts als ein Rufen der Sehnsucht nach ihrem Kalb, das sechs Meter weg in der Streu liegt und mit großen Augen zur Mutter hinüberschaut.

Das ist Leben! Wohin der Bauer auch schauen mag, überall Leben und Daseinsfreude. Auch draußen hat sich das Leben wieder erneuert nach einem strengen Winter.

Auch das ist Leben, was seine Augen jetzt zu sehen bekommen. Über den Hügel her kommen die beiden Fischerbuben, der größere zieht auf einem Leiterwägelchen den kleineren hinter sich her. Sie bewegen sich auf den Roßkoglhof zu, und ihre hellen Stimmen schwingen im Märzwind.

Mit vorgeschobenem Kinn steht der Roßkogler da. Seine blauen Augen sprühen ein kaltes Licht aus. Dann wendet er sich um, nimmt die Schnapsflasche aus dem kleinen Wandkästchen und schenkt ein. Ruckartig schüttet er drei, vier Gläser hinunter. Sein Blick wird dabei immer düsterer. Er weiß schon, warum sie kommen, die Fischerkinder. Die Antonia wird sie auch schon gesehen haben und wird in der Küche bereits die Butterbrote herrichten. Sie sehen nicht allzu viel Butter in ihrem Armeleutehaus drüben. Der Fischer hat bloß zwei Kühe im Stall und geht in den Staatswald als Holzfäller.

Wieder schüttet er ein paar Gläser Schnaps hinunter. Aber er kann es nicht aufhalten. Die Kinder kommen wirklich in seinen Hof. Er kann ihren Anblick in diesem Moment nicht ertragen.

Draußen im Hof sind sie nun, tanzen um das Wägelchen und singen:

»Ringelringel – rum
der Vater ist nicht dumm,
die Mutter ist ein Engel rein
und soll auf Erden selig sein,
ringelringel – rum ...«

Da kann sich Ferdinand Pacher nicht mehr halten. »Maul halten!«, brüllt er, dass die Kinder erschrocken zusammenzucken. »Bande, miserable. Haltet euer Maul!« Klirrend schlägt er das Fenster zu. In diesem Augenblick geht die Tür auf. Antonia steht auf der Schwelle. »Um Gottes willen, Ferdl, warum schreist du denn so?«

Zunächst erschrickt er ein wenig. Er fühlt sich ertappt, wird unsicher und legt in seiner Verlegenheit das Buch der Ahnen ins Wandschränkchen, schließt es ab und dreht sich um. Sie schaut ihn verständnislos an. Und da bricht es hemmungslos aus ihm heraus:

»Ein Hungerleider ist er, der Fischer, der heute nicht weiß, was er morgen essen soll. Aber eins hat er mir weit voraus. Kinder hat er und weiß wenigstens, für was er schuftet!«

»Ferdinand«, sagt da Antonia leise und erschrocken. »So kenne ich dich ja gar nicht.« Sie tritt nahe vor ihn hin, riecht aus seinem Mund das Gebrannte und macht einen Schritt zurück.

»Hast du getrunken?«

»Ja, warum nicht?«, fragt er herausfordernd. »Andern schenkt Gott Kinder und mir nur Schnaps.«

Totenblass wird Antonia. »Jetzt fehlt nur noch, dass du mir vorwirfst, dass es meine Schuld ist«, sagt sie.

Seine Unterlippe schiebt sich vor. »Vielleicht«, platzt er heraus. »Kann ich denn sicher sein, dass es nicht so ist?«

Antonia ist fassungslos und verletzt. Blitzartig kommt es ihr in den Sinn, dass Ferdinand ihr vielleicht schon lange heimlich die Schuld an ihrer Kinderlosigkeit gibt.

Doch sie kämpft den Schmerz und die Empörung über diese Ungerechtigkeit nieder und sagt so ruhig wie möglich:

»Wenn du das meinst, Ferdinand, dann ist es besser, ich lasse dich allein und gehe zu meinen Leuten zurück nach Gschwend.«

»Nach – nach Gschwend?« Seine Zunge stolpert über die paar Worte. Und plötzlich ist ihm dann, als habe ihm jemand einen Kübel eiskalten Wassers ins Gesicht gegossen, so ernüchtert ist er auf einmal wieder.

»Aber, Antonia, was fällt dir denn ein? Du kannst doch nicht fortlaufen!« Seine Hände strecken sich ihr entgegen, aber sie weicht aus, lehnt sich neben dem Ofen an die Wand und spricht in aller Ruhe:

»Schau, Ferdl, ich habe es kommen sehen. Ich wünsche mir nicht weniger als du, ein Kind zu bekommen. Aber es wird halt so sein, dass es Gottes Wille ist, und ...«

»Ein sauberer Wille«, unterbricht er sie brüllend und blickt mit verzerrtem Gesicht in die Ecke, wo über dem Tisch im Winkel ein geschnitzter Christus hängt. »Hast du nichts anderes zu tun, als die Leute zum Narren zu halten? Da glaubt man an dich, und du lässt es einfach zu ...«

In blinder Wut reißt er das leere Schnapsglas an sich und hebt es hoch, als wolle er damit nach dem Gekreuzigten werfen. Antonia fällt ihm in den Arm.

»Ferdl, du versündigst dich. Schämst du dich denn gar nicht?«

Ferdinand schaut sie an, als sei er soeben aus einem wüsten Traum erwacht. Langsam geht er an ihr vorbei, nimmt draußen im Gang die Jacke vom Haken, stülpt sich den Hut auf den Kopf und verlässt durch die hintere Stalltür den Hof.

Sein Weg führt ihn hinunter ins Dorf. Dort hat er beim Metzger noch das Geld für die letzten zwei Kälber zu holen. Er bekommt es auch und plaudert ganz ruhig mit dem Mann. Dann geht er den Kirchenberg hinauf und öffnet das knarrende Gittertor zum Friedhof. Lange steht er am Familiengrab, in dem seine Eltern und Großeltern liegen, gerade, als ob er vor ihnen Abbitte leisten möchte, dass er gegen Gott die Hand erhoben hat.

Ja, ganz friedlich wird er wieder, ganz ruhig. Und er nimmt sich vor, für die Antonia etwas zu kaufen. Einen Seidenstoff vielleicht oder ein Schultertuch.

Auf dem Weg zum Laden kommt er am Gasthaus »Zur Post« vorbei. Er will vorbeigehen, aber da steht gerade der Angerer-Sepp und meint:

»Hast du Lust, eine Runde mitzuspielen, Roßkogler? Uns fehlt der vierte Mann.«

Der Pacher, normalerweise kein Wirtshausgeher und ein Kartenspieler schon gar nicht, zögert ein wenig. ›Eigentlich‹, denkt er, ›ist das keine schlechte Idee. Dann brauche ich der Antonia nicht gleich unter die Augen zu treten.‹

»Na ja«, meint er schließlich. »Auf ein paar Maß kommt's mir nicht an. Jetzt ist der Tag sowieso gleich um.«

Der Wegmacher-Florian mischt schon die Karten, als er den Roßkogler hereinkommen sieht. Der andere ist ein Holzknecht, der Hagl-Vinzenz, der wegen einer Beinverletzung zur Zeit nicht in den Wald gehen kann. Nach einer Stunde denkt der Roßkogler, dass es eigentlich schon richtig gewesen ist, sich hier ein wenig abzulenken. Seine düstere Stimmung ist verflogen. Und als der Vinzenz so ums Dunkelwerden herum, bevor die Lampen angezündet werden, die Karten wegwirft und meint, dass man zur Abwechslung auch einmal singen könnte, fällt der Pacher sofort mit seiner hellen Tenorstimme ein in das Lied vom verwegenen Wildschützen, der auf der Falkenwand droben einen schneeweißen Gamsbock geschossen hat.

Dann bestellt er Wein. Es geht alles auf seine Rechnung, und um Mitternacht ist die Hälfte des Geldes verzecht, das er für eines der Kälber bekommen hat, weil er alle eingeladen hat, die am Abend noch dazugekommen sind.

Ein leichter Wind ist aufgekommen, als Ferdinand Pacher, begleitet vom Angerer-Sepp, dem Roßkogl zugeht. Manchmal stolpern seine Füße etwas, und der Sepp greift ihm dann unter den Arm, obwohl auch er unsicher auf den Beinen ist.

Der Pacher bleibt stehen und blinzelt zu den Sternen hinauf. »Heute wird die Antonia schimpfen«, sagt er.

»Ach was! Du bist doch schließlich der Bauer und der Herr. Du wirst doch vor deiner Alten keine Angst haben!«, röhrt sein Begleiter großspurig.

»Das nicht, aber –«

»Weißt du, das solltest du dir nicht gefallen lassen«, belehrt ihn der andere mit erhobenem Zeigefinger. »Als ich das erste Mal mit einem Rausch heimgekommen bin, da wollte meine Frau auch gleich Krach schlagen. Aber jetzt ist sie es schon gewöhnt.«

»Deine Frau ist ja auch nicht meine Frau«, sagt der Pacher und blinzelt wieder zu den Sternen hinauf. »Meine Frau ist was Besonderes, weißt du. Auf alle Fälle werde ich versuchen, leise zu sein, vielleicht hört sie mich gar nicht.«

Weit gefehlt. Antonia hört ihn schon auf den Hof zukommen. Sie sieht, wie er beim Brunnen torkelt und beinahe stürzt. Dann kommt er unsicheren Schrittes auf die Haustür zu und kurz danach zur Stubentür herein. Da liegt sie schon wieder im Bett und stellt sich schlafend. Kein Wort wird sie sagen, auch morgen nicht, denn sie ist klug genug, um zu wissen, dass mit Schimpfen nichts besser wird.

Sie hört, wie er angekleidet und laut ächzend auf das andere Bett fällt. Gleich darauf geht sein Atem schon in leises Schnarchen über. Jetzt erst macht sie Licht und steht auf. Sie entkleidet ihn vorsichtig, damit er nicht aufwacht. Aber irgendwie muss er es doch fühlen, dass etwas mit ihm geschieht, denn er tastet einmal mit seinen Händen umher.

Am nächsten Tag begegnet er ihrem Blick mit der Verlegenheit eines Knaben, der weiß, dass er etwas ausgefressen hat, und fürchtet, ausgeschimpft zu werden. Aber sie sagt kein Wort, lächelt nur und streichelt ihm einmal über das wirre Haar.

»Gestern, meine ich, hast du ein bisschen über den Durst getrunken, Ferdl.«

Dieser gütige Tonfall löst seine Zunge, denn offensichtlich ist Antonia ihm nicht böse. »Ein bisschen ist gut. Das war schon ein ganz schön ausgewachsener Rausch. Ich weiß überhaupt nicht mehr, wie ich mich ausgezogen habe.«

»Tatsächlich?«, fragt sie schelmisch lächelnd. »Ich habe dich gar nicht heimkommen hören.«

»Ja, weißt du, als ich bei der ›Post‹ vorbeigegangen bin, steht der damische Angerer-Sepp da und fragt mich, ob ich den vierten Mann beim Kartenspielen machen will. Und ich bin mitgegangen, aber eigentlich wollte ich wirklich nur ein, zwei Runden mitspielen ...«

»Aber Ferdl, du brauchst dich doch nicht bei mir zu entschuldigen. Jeder darf einmal über die Stränge schlagen, und bei dir kommt das ohnehin nur ganz selten vor.«

»Auf alle Fälle tut mir heute der Schädel richtig weh.«

»Dann leg dich halt noch einmal hin. So viel Arbeit haben wir im Moment nicht, und die Dienstleute brauchen nicht zu merken, dass du schlecht beieinander bist.«

Ihr Entgegenkommen und Verständnis überwältigt ihn so sehr, dass er sie stürmisch in die Arme nimmt und bittet, sie möge alles vergessen, was gestern gewesen ist. Dann geht er schnell hinaus.

2

Es folgen auch ruhige und lichte Wochen. Der Mai ist gekommen, Felder und Wiesen stehen im schönsten Blütenschmuck.

Die Jachenau ist ein einziges blühendes Wunder. Ein stahlblauer Himmel spannt sich wochenlang über das Tal, und nur manchmal ziehen vereinzelte weiße Wolken langsam über die Berge dahin.

Um diese Zeit geschieht es, dass Ferdinand Pacher ein weiteres Mal über die Stränge schlägt.

Einer der beiden Haflinger, der Wallach Hansi, ist seit dem März nicht mehr das, was er sonst gewesen ist. Er magert immer mehr ab, sein Fell wird struppig, er frisst kaum, und manchmal schaut er mit so traurigen Augen über den Barren, dass es Antonia jedes mal das Herz brechen könnte.

»Ferdl, ich kann das jetzt nicht mehr mit ansehen«, sagt sie eines Tages. »Was kann er denn nur haben, der Hansi?«

»Ja, wenn ich das nur wüsste. Es muss etwas mit seinen Gedärmen sein. Aber wenn es nicht von alleine wieder vergeht, weiß ich auch nicht, was ich machen soll.«

»So hat es aber auch keinen Sinn. Mir tut der arme Kerl Leid. Besser, man lässt ihn einschläfern.«

»Ja, daran hab' ich auch schon gedacht. Morgen früh fahre ich nach Lenggries und erledige das, und dann sehe ich mich gleich nach einem Ersatz für den Hansi um. Fährst du mit?«

»Nein, lieber nicht. Du brauchst mich doch nicht unbedingt dabei, und hier ist viel zu tun.«

Am nächsten Morgen fährt Ferdinand weg, und spätestens gegen Abend will er wieder zurück sein. Aber es wird Nacht, ohne dass er nach Hause kommt, und auch am nächsten Morgen ist er noch nicht da. Ferdinand Pacher kommt erst am dritten Tag um die Mittagszeit mit seinem neuen Pferd heim. Antonia steht bei den Ahornbäumen und wartet auf ihn, weil sie das Gefährt auf der Straße unten im Tal erspäht hat. Als Ferdinand sie sieht, hält er an und springt vom Wagen. Schweißbedeckt steht das neue Pferd da. Es ist ein langbeiniger, schlanker Rappe, der viel geeigneter scheint, ein Pferderennen zu gewinnen als bei Bauernarbeit eingesetzt zu werden.

»Ferdinand«, fragt Antonia nach einer Weile, »soll das etwa das Pferd sein, das du als Ersatz für den Hansi gekauft hast?«

»Gefällt es dir etwa nicht?«, lacht er und schiebt den Hut noch weiter aus der Stirn. »Sag nichts gegen den Mylord, Antonia. In anderthalb Stunden bin ich jetzt von Lenggries hergefahren. Das soll ihm einmal einer nachmachen.«

»Ich habe nicht gewusst, dass du jetzt auf einmal ein Pferd brauchst, das Geschwindigkeitsrekorde aufstellt«, sagt sie kopfschüttelnd. »Ich habe geglaubt, wir bräuchten eines, der die Mähmaschine zieht, und den Heuwagen, und im Winter zum Holzfahren zu gebrauchen ist.«

»Wir haben ja noch fünf andere Pferde im Stall stehen. Komm, Antonia, lass mir halt meine Freude. So ein Pferd habe ich mir schon immer gewünscht.«

»Ach so, Ferdl, wenn es so ist, dass du dir einen langjährigen Wunsch erfüllt hast, dann will ich dir das von Herzen gönnen. An irgendwas muss ja der Mensch seine Freude haben.«

Ein wenig unsicher blinzelt er sie an. War da nicht ein eigenartiger Unterton in ihrer Stimme? Dann schaut er zum Hof hin. Niemand ist zu sehen. Darum legt er jetzt schnell den Arm um sie.

»Antonia, du bist die Beste, die es überhaupt gibt auf der Welt. Am ersten Tag habe ich noch nichts Gescheites auftreiben können, und dann bin ich halt am nächsten Tag nach Tölz raus. Und wie es halt oft so geht –«

In diesem Augenblick legt sie ihm die Hand auf den Mund. Dann nimmt sie sein Gesicht in ihre Hände und schaut ihm in die Augen.

»Ferdl, habe ich dich gefragt, wo du warst? Aber wenn du mir es schon sagst, dann bitte ich dich, dass du mich nicht anlügst. Alles kann ich vertragen, bloß anlügen darfst mich nicht. Acht Jahre lang hast mich nicht ein einziges Mal angelogen. Warum tust es denn jetzt?«

Das Blut schießt ihm ins Gesicht. Er muss den Blick senken, und schließlich sagt er schuldbewusst: »Also gut, ich war nicht in Tölz. Aber beim Alten Wirt in Lenggries hab' ich den Mulzer von Tölz getroffen, der mit mir in der gleichen Kompanie war, damals im Weltkrieg. Und den habe ich doch seit drei Jahren nicht mehr gesehen, dabei waren wir die besten Freunde damals, als wir zusammen im Schützengraben gelegen sind. Also bin ich über Nacht in Lenggries geblieben. Aber als ich mich gestern von ihm verabschieden wollte, war er gekränkt, dass ich so schnell wieder gehen wollte, und da bin ich halt noch einen Tag länger geblieben.«

Lächelnd hört ihm Antonia zu. Nur als er noch sagt: »Das kommt so schnell nicht mehr vor«, da wird sie ernst und antwortet: »Versprich nichts, Ferdl, was du danach vielleicht doch nicht halten kannst. Komm jetzt, du wirst Hunger haben.«

Das Pferd am Zügel führend, die andere Hand um Antonias Hüfte geschlungen, so geht er mit ihr auf den Hof zu.

In immer kürzeren Zeiträumen spannt Ferdinand jetzt den Traber vor seinen Wagen und verschwindet. Manchmal kommt er am selben Tag noch zurück, manchmal aber auch erst am nächsten. Antonia hat sich eisern in der Gewalt, obwohl es sie tief bekümmert, dass Ferdinand sich so verändert hat. Und weil von ihr nie ein Wort des Vorwurfs zu hören ist, hält die Beschämung Ferdinand nach solchen Exzessen immer ein, zwei Wochen lang wieder zu Hause.

Doch dass er Gefallen an dem lustigen Leben gefunden hat, lässt sich nicht leugnen. Es schmeichelt ihm, dass man in den Bierstuben so gerne seine Gesellschaft sucht. In der Jachenau selber hält er sich freilich zurück. Aber draußen in Lenggries, in Fall, in Tölz und Kochel, überall kennt man diesen lustigen Jachenauer. Keine Gaudi ist ihm zu dumm, um dabei mitzumachen. Nur in einem hält er sich zurück: Frauen und Mädchen sind ihm offensichtlich gleichgültig. Er hätte durchaus seine Chancen, aber neben seiner Antonia scheint keine andere bestehen zu können.

Natürlich wird auch viel über ihn geredet, was gar nicht wahr ist. Die Gerüchte schwirren nur so, und oft eilen sie ihm sogar voraus, sodass die Antonia von diesem oder jenem Streich schon weiß, bevor er heimkommt. Freilich, die Antonia glaubt nicht alles, was man ihr zuträgt, doch bleibt so manches im letzten Winkel ihres Herzens hängen. Kleine giftige Splitter sind es nur, aber es werden immer mehr.

Es treibt sie jetzt, wenn er nicht da ist, oftmals hinaus in die Nacht. Sie sitzt dann unter der Ahorngruppe und horcht in das Dunkel hinein, ob sie nicht den vertrauten Hufschlag aus der Ferne kommen hört. Meist ist ihr Warten vergeblich.

Noch nie hat sie sich so brennend ein Kind gewünscht wie in dieser Zeit. Ferdinand benimmt sich genau so wie die unverheirateten Burschen, mit denen er sich die Zeit vertreibt. Wenn sie bloß Kinder hätten, würde er sich schnell wieder auf seine Verantwortung besinnen!

Manchmal wird Antonias Drang übermächtig, einem Menschen ihr Herz auszuschütten. Flüchtig denkt sie einmal an ihre Schwester Barbara. Aber wird die sie verstehen? Ihre Zweifel daran sind zu groß, und sie verwirft ihre Idee wieder.

Das Heu ist eingebracht. Für die Leute vom Roßkogl kommt jetzt eine ruhigere Zeit. Der Großknecht Thomas ist auf die Alm geschickt worden, um ein paar schadhafte Zäune auszubessern, und beim Bauern merkt man es an seiner Unruhe, dass es ihn wieder juckt, hinauszufahren. Gleichzeitig hat er deshalb ein schlechtes Gewissen. Zuerst zieht er den Wagen aus dem Schuppen. Dann steht er eine Weile im Hof und tut so, als schaue er nach dem Wetter aus. Bei allem aber weiß er, dass ihn Antonias Augen von irgendeinem Winkel des Hauses aus beobachten. Dieses Gefühl verlässt ihn erst, wenn er unten auf der Straße ist und Mylords Hufe in flottem Trab über den Schotter fegen. Wenn er hinter der Kehre verschwunden ist, weiß Ferdinand Pacher, dass die Augen seiner Frau ihm nicht mehr folgen können, und dann ist ihm weniger unwohl.

Als er aber heute beim Wieden vorbeifährt, sieht er plötzlich etwa dreißig Schritte vor sich den Herrn Pfarrer gehen. »Der hat mir jetzt gerade noch gefehlt«, sagt er leise für sich. Aber er muss wohl anhalten und fragen, ob der Herr Pfarrer mitfahren wolle. Das fordert der Anstand und die Ehrfurcht vor dem Pfarrer.

Der Pfarrherr hat das Gefährt schon kommen hören, geht an den Straßenrand und bleibt stehen.

»Brr ...!«, macht der Pacher, und Mylord hält schnaubend mit einem Ruck.

»Guten Morgen, Herr Pfarrer«, sagt Ferdinand und lüftet seinen Hut.

»Ah, der Pacher. Guten Morgen.«

»Wenn Sie aufsitzen wollen, Herr Pfarrer?«

»Ja, gerne, das kommt mir gerade recht. Mir tun sowieso die Füße heute ein bisschen weh, und ich muss bis nach Petern. Der alten Weberin geht es nicht gut.«

Umständlich hat er jetzt Platz genommen, und Ferdinand lässt sein Pferd wieder rennen.

Der Pfarrer hat sich eigentlich schon lange vorgenommen, mit dem Pacher einmal zu sprechen, denn die Gerüchte haben ja auch vor dem Pfarrhof nicht Halt gemacht. Doch will er ihn nicht zu sich in den Pfarrhof bestellen, darum kommt ihm diese Gelegenheit gerade recht. Nur will er nicht mit der Tür ins Haus fallen, sondern so tun, als interessiere ihn das Ganze nur am Rande.

Zuerst bekommt er einen Zitronenfalter zu fassen, der schon eine Weile um die Kante seines schwarzen Hutes geflattert ist. Bedächtig betrachtet er ihn zwischen seinen Fingern, dann gibt er ihm die Freiheit wieder. Gerade als das Gefährt über die Jachenbrücke rumpelt, fragt der Pfarrer:

»Fährst du nach Lenggries, Ferdinand?«

»Ja, nach Lenggries.«

»In Urfeld, habe ich gehört, soll es kürzlich so eine Gaudi gegeben haben«, sagt der Pfarrer und lächelt ein wenig dabei. »Habt ihr da nicht einem Bauern ein Fuder Mist auf das Hausdach gestellt?«

»Ach, das wissen Sie auch schon?«, lacht der Pacher. »Ja, da war ich dabei. War eine Mordsarbeit, den Wagen zuerst auseinander zu nehmen, dann die Trümmer einzeln hinauf aufs Dach und wieder zusammenstellen, dann den Mist mit Kübeln aufs Dach bringen. Aber eine Gaudi war es doch.« Er lacht wieder, und der Pfarrer lacht mit, bloß nicht so laut.

»Du sollst ja der Anführer gewesen sein?«

»Ich? Ja, kann schon sein, dass der Blödsinn mir eingefallen ist. Hat man das schon wieder erzählt?«

»Man erzählt noch mehr, Pacher.«

Die Fahrt geht jetzt dicht neben der Jachen entlang. Weil es lange nicht geregnet hat, führt sie wenig Wasser.

»Wenn sie einmal das große Wasserkraftwerk am Walchensee bauen werden, wird sie überhaupt kein Wasser mehr führen«, bemerkt der Pfarrer und nickt zur Jachen hinüber. Er hat die Hände über dem Knauf seines Schirms gefaltet, den er immer, auch bei Sonnenschein, bei sich hat. Jetzt reibt er sich mit den Knöcheln der einen Hand das Kinn und wendet dann den Kopf.

»Sag einmal, Pacher, wie kommst du eigentlich als verheiratetes Mannsbild dazu, solch einen Blödsinn mitzumachen?«

Ferdinand Pacher überlegt eine Weile. Dann platzt er heraus:

»Tja, irgendwo muss man sich ja seine Freude suchen. Und Schaden hat niemand dabei. Es tut niemandem weh, und die Leute wollen was zum Lachen haben.«

»Auch ein Standpunkt, ja. Aber an dir gefällt er mir nicht. Und – ob es wirklich niemandem wehtut, Pacher? Denk einmal nach, ob du deiner Frau damit wirklich keinen Kummer machst.«

Ein blitzschneller Gedanke durchzuckt den Bauern:

»War sie vielleicht bei Ihnen?«

»Nein, dazu ist sie zu stolz. Aber glaubst du wirklich, dass es ihr nichts ausmacht, wie neuerdings über dich geredet wird? Ich begreife gar nicht, wie das eigentlich über dich gekommen ist. Du warst doch jahrelang ein grundanständiger Mensch.«

Ferdinand wird zornig. »Wer kann sagen, dass ich jetzt nicht mehr anständig bin? Was ich mache, geht niemand etwas an. Ich habe mir nichts Unrechtes vorzuwerfen und lasse mir auch nichts dreinreden. Von niemandem. Auch von Ihnen nicht, Herr Pfarrer.«

»Seit über dreißig Jahren kenne ich dich jetzt, Pacher. Du bist bei mir noch in die Christenlehre gegangen, und zu dir sage ich immer noch, was ich mag. Ich bin alt genug, Pacher, um dir sagen zu können, dass das, was du jetzt tust, im Augenblick noch keine Gefahr ist, dass es dich aber einmal in den Abgrund reißen kann. Du wirfst mit Geld um dich, dass es eine Schande ist, du vernachlässigst deinen Hof, und du vernachlässigst deine Frau, die Antonia, die eine solche Behandlung nicht verdient hat.«

»Nicht zu vergessen die armen Kinder«, fügt Ferdinand spöttisch hinzu.

Traurig schaut der Pfarrer ihn an.

»Schau, ich verstehe ja, dass du dich nach Kindern sehnst. Aber meinst du, dass der Herrgott sich erweichen lässt, wenn du ihm vormachst, wie du saufen und Blödsinn machen kannst? Weißt du, ich glaube wahrhaftig nicht alles, was man meint, mir zutragen zu müssen. Oft sind es solche, die selber Ursache hätten, vor der eigenen Tür zu kehren, und ich habe das auch schon manchem gesagt. Ich verstehe dich gut, Pacher. Du bräuchtest Kinder. Ja – wer sagt dir denn, dass ihr wirklich keine mehr haben werdet?«

»Ach was, wir haben schon alles versucht, im letzten Herbst haben wir sogar eine Wallfahrt nach Birkenstein gemacht.«

»Die Gnade Gottes lässt sich nicht erzwingen. Dass du als kluger Mensch das nicht begreifst! Schau, jetzt fährst du wieder nach Lenggries, und wie so oft in letzter Zeit kommst du wahrscheinlich erst morgen oder übermorgen heim. Glaubst du wirklich, dass das deiner Frau nichts ausmacht? Kannst du denn wissen, wie viele Tränen sie heimlich schon geweint hat? Ich habe immer geglaubt, dass du deine Antonia liebst, und jetzt fügst du ihr diesen Kummer zu.«

Der Pacher merkt plötzlich, wie ihm ganz heiß wird. So ganz spurlos gehen die Worte des Pfarrers doch nicht an ihm vorbei. Aber, sagt er sich dann im nächsten Augenblick schon wieder, es ist ja die Aufgabe des Pfarrers, anderen einzuheizen. Zum Zeichen, dass er das Gespräch nicht mehr weiterführen möchte, treibt er das Pferd an, dass der Pfarrer sich am Geländer des Wagens festhalten muss, um in der nächsten Kurve nicht herausgeschleudert zu werden.

Dann sind sie auch schon in Petern, und der Pacher lässt den Pfarrer absteigen.

»Recht schönen Dank, Pacher, fürs Mitnehmen.«

»Nichts zu danken, Herr Pfarrer. Ist gern geschehen.«

»Ja, das glaub' ich dir. Aber das andere hast du nicht gern gehört, ich habe es schon gemerkt. Ach ja, sicher ist es dir zum einen Ohr hinein und zum anderen wieder hinausgegangen.«

Der Pacher schnalzt mit der Zunge und lässt den Mylord wieder losfahren, dass die Gestalt des Pfarrers vom Staub umwirbelt wird. Aber er fährt nur so weit, bis er in den Wald gelangt ist. Unter dem Schatten der Bäume hält er an, hängt die Zügel über den Bremsgriff, lehnt sich weit zurück und schaut zu den Wipfeln auf. Nein, nein, es ist nicht ganz so, wie der Pfarrer behauptet hat, dass es zum einen Ohr hinein und zum anderen hinaus ist, was dieser ihm gesagt hat. Ferdinand stellt sich selbst die Frage, ob der Pfarrer Recht hat und die Antonia sich wirklich so grämt. Aber warum sagt sie dann nie etwas? Er will ihr doch nicht wehtun, nur ein bisschen Spaß in seinem Leben will er haben.

Vielleicht sitzt die Antonia daheim und weint in die Kissen.

Wieder merkt Ferdinand Pacher, dass ihm ganz heiß wird vor Schuldbewusstsein.

Nach Lenggries will er fahren, wegen nichts und wieder nichts. Und den alten Pfarrer lässt er zu Fuß bei der Hitze in die Jachenau zurücklaufen. Ferdinand schämt sich. Langsam fasst er nach den Zügeln. Der Mylord meint, es geht weiter. Aber der Pacher wendet und fährt zurück nach Petern. Dort hält er vor dem Haus des Webers, in dem der Pfarrer noch sitzt.

Eine Viertelstunde etwa dauert es, dann kommt der Pfarrer heraus. Er stutzt er ein wenig, aber dann geht er mit leisem Lächeln auf das Gefährt zu, steigt auf und sagt bloß: »Das ist schön, dass du mich wieder heimfährst.«

Auf der ganzen Fahrt erfolgt kein Vorwurf mehr. Die Beine behaglich ausgestreckt, sitzt der Pfarrer neben ihm auf dem Kutschbock und erzählt ihm einiges aus der Geschichte der Jachenau, das der Pacher noch nicht weiß.

So zum Beispiel, dass in der Sendlinger Bauernschlacht in der Weihnachtsnacht anno siebzehnhundertfünf auch ein Pacher aus der Jachenau teilgenommen hat und dass dreizehn Jachenauer in jener Nacht hingemetzelt worden sind. Auch die

Sage von dem kleinen Hirtenmädchen erzählt er, dem eine gute Fee eine Quelle voller Gold gezeigt habe.

»Die Geschichte kenne ich schon«, lächelt der Pacher. »Das Goldbrünnerl fließt ja heute noch, freilich ohne Gold, hinterm Brunnenberg.«

Und so kommen sie wieder zurück in die Jachenau. Auf dem Kirchturm schlägt es gerade die elfte Vormittagsstunde.

Kaum dass Ferdinand Pacher am Morgen fortgefahren ist, hat auch Antonia sich angezogen, um endlich ihre Schwester Barbara wieder einmal aufzusuchen, die in Urfeld verheiratet ist. Sie hält es einfach nicht mehr aus und muss sich unbedingt mit jemandem aussprechen. Vielleicht kann ihr die Schwester einen Rat geben. Die Barbara ist jetzt immerhin auch schon bald sechs Jahre verheiratet und wird ihre Erfahrungen gesammelt haben.

Sie gibt der Jungmagd Anweisungen, was zu Mittag auf den Tisch kommen soll, und meint, dass es vielleicht recht spät werden könne, bis sie wieder zurückkomme.

»Und wenn der Bauer zurückkommt und fragt, wo du bist?«

Antonia lächelt müde. »Vielleicht kommt er morgen erst zurück.« Und als sie sieht, wie die Jungmagd ein wenig spöttisch lächelt, hat sie sofort das Empfinden, dass sie den Bauern in Schutz nehmen müsse. »Du brauchst gar nicht zu lachen, Anna. Der Bauer hat wichtige Geschäfte zu erledigen.«

Die Anna ist jetzt immerhin schon drei Jahre auf dem Hof, sie weiß, wie der Bauer vor einem

Jahr war und wie er jetzt ist. Sie und auch die anderen Dienstboten hängen an ihrer Bäuerin, die niemals ein hartes Wort findet, sondern immer mit ausgleichender Güte jeden gerecht behandelt. Natürlich weiß auch sie, wie es alle wissen, wie sich der Bauer, ein einst so besonnener Mann, verändert hat.

»Bäuerin«, sagt sie jetzt, »darf ich einmal etwas sagen?«

Antonia steckt gerade die letzte Silbernadel ins Haar und dreht sich um. »Warum sollst du nichts sagen dürfen?«

»Als ich am Sonntag bei meinen Leuten draußen war in Lenggries, habe ich zum ersten Mal gehört, wie sie ihn jetzt dort nennen, den Bauern. Und ich bin ehrlich erschrocken.«

Eine kleine, pochende Stille entsteht. Nur die Uhr hört man ticken. Antonia schluckt die Angst hinunter und fragt: »Und wie nennen sie ihn?«

»Den – Schandfleck von der Jachenau.«

Antonia wechselt die Farbe. Ganz schmal wie ein Strich presst sich ihr Mund zusammen. Sie ringt um ihre Fassung, und schließlich hat sie sich wieder in der Gewalt.

»Der Bauer tut nichts, was ihm diesen Namen eintragen könnte«, stellt sie energisch fest. »Dumme Streiche sind es, die er macht, aber nichts Ehrenrühriges. Glaub nicht alles, was so geredet wird, Anna. Es wird oft viel gesagt, was danach nicht zu beweisen ist. – So, und vergiss nicht, um zehn Uhr musst du das Fleisch aufsetzen. Und wenn der Brotfahrer kommt, nimm vierzig Semmeln. Das Geld liegt dort in der Schublade. Ich bin heute bei meiner Schwester.«

Als sie den Berg hinuntergeht, grübelt sie über das, was sie gerade gehört hat. Schandfleck von der Jachenau! Weiß sie vielleicht nicht alles? Gibt es etwas, was man sich scheut, an sie heranzutragen? Ist vielleicht doch eine andere Frau im Spiel?

»Nein, nein, nein!«, ruft sie sich zu. Oh, sie kennt ihn doch so gut, das wäre ihr sicher nicht entgangen. Erst vor ein paar Tagen hat er ihr gesagt:

»Ich tu' nichts, was dich kränken müsste. Lass mich nur auch mal ein bisschen über die Stränge schlagen. Vielleicht habe ich in einem Jahr schon gar keinen Spaß mehr daran.« Dabei hat er ihr so offen und treuherzig in die Augen gesehen, dass sie ihm einfach glauben musste, dass er aufrichtig gesprochen hat.

Sie hat nun die Straße nach Sachenbach erreicht und schreitet rüstig aus. Der Wald hüllt sie mit seinem Schweigen ein, ab und zu hört man einen Vogel singen, und der Thymian duftet. Und je weiter sie wandert, desto mehr fühlt sie, wie alles Bedrückende von ihr abfällt. Und auf einmal lächelt sie still vor sich hin.

»Es wird schon alles wieder gut werden«, spricht sie sich hoffnungsvoll zu. »Wo viel Licht ist, da sind auch Schatten. In jeder Ehe hat man manchmal Sorgen.«

Antonia Pacher will es gar nicht recht glauben, dass sie ihrem Ziel schon so nahe gekommen ist. Aber es ist schon so. Auf einmal sieht sie durch die Baumlücken die blaue Weite des Walchensees schimmern.

Sie geht nun an seinem Ufer entlang. Weit drüben schwimmt ein Segelboot, und im klaren Wasser des Sees spiegeln sich die Wolken, die langsam von Norden nach Süden ziehen.

In Urfeld läutet gerade die Elfuhrglocke, als sie die ersten Häuser erreicht.

Um diese Zeit fährt Ferdinand Pacher wieder in seinen Hof und freut sich darauf, was für ein Gesicht seine Antonia jetzt machen wird, weil er schon zurück ist.

Er findet in der Küche nur die Jungmagd vor, die ihn so verdutzt anschaut, dass er lachen muss.

»Was schaust du mich denn so an?« Er wirft seinen Hut auf die Bank. »Wo ist die Bäuerin?«

»Die Bäuerin? Ja – die ist fortgegangen.«

»Fort? Wohin denn?«

»Ich glaube, zu ihrer Schwester.«

Eine Weile steht er da und starrt zum Fenster hinaus. Dann nimmt er wieder seinen Hut, besteigt draußen das Gefährt und fährt ratternd davon.

Antonia aber geht jetzt das Sträßlein am Ende Urfelds bergauf, wo auf sanfter Höhe das Anwesen des Albin Löscher liegt, der ihre Schwester Barbara geheiratet hat.

Es ist kein allzu großes Anwesen. Zehn Stück Vieh hat der Schwager im Stall. Er mäht gerade in seinem Obstgarten Gras, und als er die hohe Frauengestalt heraufkommen sieht, blinzelt er zuerst ein wenig unsicher. Als er aber dann die Schwägerin erkennt, legt er sofort die Sense weg und geht ihr entgegen.

Albin Löscher ist ein etwas untersetzter Mann mit einem rötlichblonden, zerzausten Schnurrbart. Sein Haar ist schon schütter, obwohl er noch nicht ganz vierzig ist. Seine Augen sind ein wenig unstet. Das hat Antonia immer schon sehr gestört. Aber sie freut sich nun doch, als er sie so herzlich begrüßt.

»Gestern erst haben wir von dir geredet, Schwägerin«, lacht er.

»Hoffentlich nur Gutes!«, pariert Antonia.

»Von dir kann man doch nichts Schlechtes reden.«

»Aber vom Ferdinand, meinst du?«

Albin Löscher wischt sich die Schnurrbartenden aus den Mundwinkeln, sieht kurz auf die Schwägerin und wieder weg.

»Eigentlich Schlechtes hört man über ihn auch nicht. Manchmal treibt er es halt ein bisschen wilder, als man es von einem angesehenen Bauern und verheirateten Mann erwarten sollte. Und doch muss ich auch immer wieder über seine Streiche lachen.«

»Ja, ja. Aber weißt du, wie sie ihn seit neuestem nennen? Den Schandfleck von der Jachenau.«

»Das habe ich noch nicht gehört. Wer redet denn so von ihm? Sicher bloß ein paar alte Betschwestern, die es gleich als Schande empfinden, wenn einer einmal über die Stränge schlägt. Ich kann mir nicht vorstellen, dass es viele Leute in der Gegend gibt, die diese Meinung teilen.«

Für diese Worte ist Antonia dem Schwager dankbar, und sie will es ihm auch sagen, als ihr Blick von etwas anderem gefesselt wird.

Droben ist gerade ihre Schwester unter die Tür getreten. Barbara steht auf der Schwelle des Hauses, groß und blond, ein lockenköpfiges Kind auf dem Arm. Jetzt stellt Barbara das Kind zu Boden und kommt heran. Antonia blinzelt. Täuscht sie sich, oder ist Barbara wirklich schon wieder schwanger?

»Gibt es bei euch wieder Nachwuchs, Albin?«, fragt sie.

»Ja, leider.«

Antonia reißt den Kopf hoch und sieht den Schwager strafend an. »Leider sagst du? Ich würde Gott auf den Knien danken, wenn ich bloß eines hätte.«

Plötzlich kommt ihr eine Idee.

»Albin, gebt mir das Kind, wenn es kommt, falls es euch wirklich unwillkommen ist.«

Albin Löscher bückt sich nach einem Apfel, der frühzeitig vom Ast gefallen ist. Und als er sich wieder aufrichtet, sagt er, als handle es sich um das nebensächlichste Geschäft der Welt:

»Warum nicht? Ich hätte nichts dagegen.«

Antonias Herz fängt an, stürmisch zu klopfen. Findet sie hier womöglich die Lösung für all ihre Probleme? Aber da ist die Schwester schon herangekommen. Barbara ist voller im Gesicht und auch in ihrer Statur kräftiger als ihre Schwester.

»Was treibt denn dich zu uns?«, fragt sie.

»Nichts Besonderes. Ich wollte euch mal wieder sehen.«

»So? Ja – dann komm nur. Das Essen ist gerade fertig geworden.«

Barbara bückt sich wieder nach dem Kind, nimmt es auf den Arm, dann gehen sie gemeinsam auf das Haus zu.

Als Barbara mit der Küchenarbeit fertig ist, sitzen sich die beiden Schwestern in der Stube allein gegenüber. Fritz, der Bub, ist mit seinem Vater auf die Wiese hinausgefahren; Gretel, das Mädchen, das jetzt ein Jahr alt ist, ist schlafen gelegt worden.

»So, und jetzt erzähl mal«, beginnt Barbara. »Du wirst mir doch nicht weismachen wollen, dass dich allein die Sehnsucht nach mir hergetrieben hat.«

»Eigentlich schon«, sagt Antonia zögernd.

»Geht es dir gut?«, fragt Barbara weiter. »Wahrscheinlich schon, oder? Du hast ja alles, was man sich wünschen könnte.«

»Alles, meinst du?«, fragt Antonia bitter. »Es ist nicht alles Gold, was glänzt, Barbara.«

»Ach so, du meinst, weil sich dein Ferdl in letzter Zeit so ins Gerede bringt.«

»Ja, das Gerede, das macht mich ganz krank«, seufzt Antonia. »Aber das wäre ja noch nicht das Schlimmste.«

»Schuld bist du selber«, fährt ihr Barbara ins Wort. Verwundert schaut Antonia auf.

»Ich? Wieso denn?«

»Du hast ihn ja immer verhätschelt wie einen Heiligen. Wenn mein Mann sich so aufführen würde, dem würde ich das schon austreiben!«

»So? Und wie würdest du das machen?«

»Ihn aussperren. Sollte er doch sehen, wo er bleibt.«

»Ach, du redest ja dummes Zeug, Barbara. Ich weiß ja, was ihn forttreibt. Hätte ich nur Kinder wie du, wäre alles anders.«

Da senkt auch Barbara den Kopf und meint: »Ja, Antonia, das stelle ich mir bitter vor, keine Kinder zu haben. Glaubst du wirklich, dass ihr keine mehr bekommen werdet?«

Antonia kann nicht verhindern, dass ihr die Tränen kommen. »Ich weiß ... es nicht ...«, schluchzt sie.

Ihre Schwester ist betroffen. »Beruhige dich doch, Antonia. Vielleicht wird doch alles wieder gut.«

Antonia schluckt ein paar Mal und schaut dann der Schwester flehend in die Augen.

»Barbara ... gib mir dein Kind.«

Erschrocken zuckt Barbara zurück. »Welches meinst du?«

»Das, mit dem du gerade schwanger bist.«

Barbara sieht ihre Schwester an wie einen bösen Geist. Ihre Lippen pressen sich zusammen, dann schüttelt sie langsam den Kopf. Aber noch bevor sie ihr Nein aussprechen kann, greift die Schwester über den Tisch herüber nach ihrem Arm. In ihren Augen steht Verzweiflung.

»Sag nicht nein, um Himmels willen, Barbara – sag nicht nein. Schau, du hast ja schon zwei Kinder und wirst vielleicht noch ein viertes und fünftes haben. Drum schenk mir dein drittes.«

Barbara fühlt, dass sie ihrer Schwester die Bitte nicht übel nehmen kann, doch nachgeben kann sie ihr genauso wenig. Es ist ihr nur nicht gegeben, die Worte so zu setzen, dass sie ein wenig barmherzig wirken. Darum hört es sich fast feindselig an, als sie jetzt sagt: »Und wenn ich ein Dutzend hätte, ich gäbe keines her.«

Antonia zieht ihre Hand zurück. »Du bist grausam, Schwester.«

»Grausam wäre ich, würde ich ein Kind herschenken. Antonia, weißt du überhaupt, was du von mir verlangst? Eine richtige Mutter schenkt kein Kind her. Würdest du es tun, wenn es umgekehrt wäre?«

Da senkt Antonia beschämt den Kopf. »Du hast Recht, Barbara. Es war ja auch nur, weil ... der Albin, weißt du, der hat mir vorhin gesagt, er hätte nichts dagegen.«

Barbara lacht hart und bitter auf.

»Ja, das glaube ich dir sofort. Was weiß denn der, was es heißt, ein Kind auf die Welt zu bringen! Und glaub nur ja nicht, Antonia, dass er es dir um deiner schönen Augen willen schenken möchte. Es würde dem Albin sicher gefallen, einen Löscher einmal auf dem Roßkogl sitzen zu sehen.«

»Ach, so ist das«, meint Antonia .

»Du brauchst nicht glauben, dass bei uns alles so gut ist, wie es nach außen hin aussieht«, fährt Barbara fort. »Vor der Ehe, da hat Albin sich von der besten Seite gezeigt. Ich war ja auch noch zu jung, als dass ich ihn hätte durchschauen können. Erst als wir verheiratet waren, da hat er sein wahres Gesicht gezeigt. Nur an sich selber denkt er; er geht seiner Wege, und die Sorgen lädt er mir auf. Ich weiß schon gar nicht mehr, wann er mich zuletzt in den Arm genommen oder geküsst hat. Wir sind doch keine Turteltauben mehr, hat er einmal gesagt, als ich ihn darauf angesprochen habe. Wenn ich meine Kinder nicht hätte, Antonia, ich glaube, ich wäre schon längst davongelaufen.«

»Das habe ich nicht gewusst«, sagte Antonia betroffen. »Arme Barbara. Wenn ich dir nur helfen könnte.«

»Mir kann niemand helfen. Das muss ich schon selber tragen, so wie du deine Sorgen tragen musst.«

»Ich muss dir ehrlich sagen, Barbara, da kann ich über die Sorgen, die mein Mann mir macht, noch froh sein. Wenn der Ferdl mit seinen Sauftouren aufhören würde, dann wäre er der beste Mensch, den du dir denken kannst. Und das weiß ich, was sie auch hinter seinem Rücken von ihm reden mögen, eines tut er mir nicht an: Andere Frauen hat er nicht.«

»Das stimmt, das habe ich auch schon gehört. In Kochel drüben hat er einmal eine rothaarige Sommerfrischlerin, die sich ihm aufgedrängt hat, so abfahren lassen, dass die ganze Gaststube gebrüllt hat vor Lachen.«

Darüber kann Antonia nun wieder lächeln. »Das tut mir gut, Barbara, dass du meine Meinung bestätigen kannst. Jetzt kann ich wirklich erleichtert heimgehen.«

»Willst du nicht noch ein bisschen warten, dann koche ich Kaffee.«

»Nein – ich möchte dem Albin nicht begegnen. Und wenn ich jetzt gehe, komme ich vor der Nacht noch heim.«

Die Barbara begleitet die Schwester noch über den Obstanger hinunter. Dann bleibt sie, am Zaun lehnend, zurück und schaut auf die flimmernde Fläche des Sees hinunter.

Antonia mag vielleicht dreißig Schritte gegangen sein, da kehrt sie noch mal um.

»Ich habe vergessen, dich was zu fragen, Barbara. Wenn dein Mann, der Albin, so ist, wie du sagst, dann wird er dir wahrscheinlich auch wenig Geld lassen?«

Da schlägt die Barbara plötzlich beide Hände vors Gesicht und weint.

»Seit drei Jahren habe ich mir kein Kleid mehr kaufen können. Nicht einmal für die Kinder habe ich das Nötigste.«

Hastig greift Antonia in ihre kleine, mit Glasperlen besetzte Handtasche aus schwarzem Samt und nimmt alles Geld heraus, das sie bei sich trägt.

»Da, nimm fürs Erste das. Es ist nicht viel, dreißig oder vierzig Mark. Aber daheim habe ich noch ungefähr fünfhundert Mark. Die schicke ich dir. Ich brauche es ja nicht.«

Nun, da sie weiß, dass sie helfen konnte, fühlt sie sich leicht und beschwingt, und mit federndem Schritt eilt Antonia den Hang hinunter. In Urfeld hat sie Glück, weil sie das Fuhrwerk von der Mühle trifft, das sie fast bis in die Jachenau mitnimmt.

Wie aber staunt sie, als sie daheim ankommt und ihr die Jungmagd berichtet, dass gegen elf Uhr der Bauer zurückgekommen, dann aber gleich wieder fortgefahren sei, als sie ihm gesagt habe, dass die Bäuerin zu ihrer Schwester gegangen sei.

Sie geht in die Kammer hinaus und kleidet sich um. Sinnend steht sie eine Weile vor dem Fenster und schaut hinaus in die Dämmerung.

Was mag den Mann so schnell wieder zurückgetrieben haben? Hatte er etwas vergessen? Wie sie es auch durchdenken mag, sie kann es sich nicht recht erklären und fragt danach die Jungmagd noch mal genauer.

»Hat er vielleicht etwas vergessen gehabt?«

Nein, er habe nur etwas verdutzt geschaut, als sie ihm berichtet habe, dass die Bäuerin bei ihrer Schwester sei. Dann habe er sofort wieder seinen

Hut genommen und sei aus dem Hof gejagt. Sie sei der Meinung gewesen, dass er der Bäuerin nachgefahren sei.

»Nein, mir ist er nicht nachgefahren«, sagt Antonia leise. Dann geht sie still hinaus.

Und wieder sitzt sie draußen unter den Ahornbäumen und horcht in die Ferne. Es will gar nicht richtig Nacht werden heute, denn der Vollmond steht groß und rund wie eine fremde Sonne am Horizont und versilbert alle Dinge im weiten Umkreis. Nichts hat einen Schatten, und in den Blättern des Ahorns singt leise der Wind.

Wieder horcht sie angespannt in die Nacht. Doch kein Räderrasseln ist zu hören. Nur das leise, wehende Plätschern der Jachen hängt wie ein Schlaflied in der Luft. Dann hört sie die Stundenschläge der Turmuhr im Dorf wieder und wieder. Als es zehn Uhr schlägt, geht sie zurück ins Haus und legt sich schlafen. Und da sie einen weiten Weg hinter sich hat, schläft sie sofort ganz tief und traumlos ein. Aber mitten in der Nacht fährt sie aus ihrem Schlaf hoch. Anfangs fragt sie sich verwirrt, wovon sie aufgewacht ist, aber dann nimmt sie die Gestalt ihres Mannes neben ihrem Bett wahr. Seine Gestalt ist hell umschimmert vom Licht des Mondes, das durch die Fenster fällt. Aus seinem Atem weht nicht die leiseste Spur von Schnapsdunst oder Wein.

Sofort richtet sie sich auf. Sein Kopf gleitet in das Kissen. Und da sieht sie, dass sein Gesicht tränenüberströmt ist.

»Ferdl, was hast du denn?«

Doch er liegt einfach nur da und bringt kein Wort heraus.

»Komm, Ferdl, sag mir doch, was los ist. Sag mir doch, warum du weinst.«

»Aus Freude«, flüstert er nach einer langen Weile und schlägt die Augen auf. »Aus Freude, dass du wieder da bist.«

»Aber, Ferdl, hast du denn geglaubt, ich laufe dir weg?«

»Ich bin heimgekommen, und als du nicht da warst, habe ich gedacht, nun ist es aus, und du bist für immer von mir fortgegangen. Antonia, verlass mich bitte nicht. Ich brauche dich doch.«

In dieser Nacht empfängt Antonia ihr erstes Kind.

3

Noch nie hat Antonia, die Bäuerin vom Roßkogl, Wochen von solcher Spannung durchlebt wie diese. Frohe Erwartung und dumpfe Angst wechseln einander ab. Als sie dann endlich Gewissheit hat, fällt alle Anspannung von ihr ab. Noch aber behält sie ihr Geheimnis für sich, obwohl ein aufmerksamer Beobachter ihre Verwandlung bemerken müsste. Aus ihren Mundwinkeln ist der bittere Zug verschwunden und hat einem nach Innen gerichteten Lächeln Platz gemacht.

Noch ahnt niemand etwas, am allerwenigsten Ferdinand Pacher. Dieser hat sich in den letzten Wochen zusammengerissen und dem Drang widerstanden, sein vorheriges Leben wieder aufzunehmen, doch nun zieht es ihn wieder hinaus. Diesmal hat es aber einen Grund: In Lenggries gastiert eine Theatergruppe. Sie hat im Hof zum Gasthaus »Zur Post« ihre Wohnwagen aufgestellt und spielt im Saal dieses Gasthauses.

Ferdinand Pacher ist fasziniert von dem Geschehen auf der Bühne, und immer wieder zieht es ihn dorthin, seit die Schauspieler dort sind. Es ist wohl mehr als nur eine Geste der Freigebigkeit oder Spenderlaune, dass alles, was nach der Aufführung in der Gaststube von diesem Theatervölkchen gegessen und getrunken wird, auf seine Rechnung geht, zumal er weiß, dass diese Leute oftmals hungrig zu Bett gehen müssen.

Das hat ihm Stefanie, die kleine Naive, ganz offenherzig erzählt und hinzugefügt, dass sie so eine herrliche Kalbshaxe überhaupt in ihrem ganzen Leben noch nicht gegessen habe.

Jawohl, Kalbshaxen hat er bestellt für die ganze Truppe. Es ist ihr drittes Gastspiel, und alle drei hat er gesehen; eines soll am Sonntag noch folgen.

Eigentlich hat er heute Antonia mitnehmen wollen. Aber sie hat mit einem Lächeln gesagt: »Soll es vielleicht jetzt auf einmal so aussehen, Ferdl, dass ich dir nicht mehr vertraue und deswegen mitfahre?«

»Aber einmal könntest doch mitkommen ins Theater! Ich möchte dich nicht dauernd alleine lassen, wie ich es früher getan habe, aber diese Theateraufführungen sehe ich so gerne, dass ich einfach keine einzige verpassen möchte.«

»Und deshalb sollst du auch hingehen, Ferdl. Aber mich lass daheim. Ich habe für solche Sachen nichts übrig«, fügt sie mit einiger Überwindung noch hinzu.

Wie herzlich gerne wäre sie mit ihm gefahren! Aber seit sie weiß, dass sie ein Kind bekommen wird, hat sie Angst vor dem Rütteln und Schütteln des Wagens, zumal wenn der Ferdl sein Pferd wie einen Teufel über die holprige Straße rasen lässt.

Nein, bevor sie ihr Kind in Gefahr bringt, ist es ihr lieber, ihn alleine fahren zu lassen. Bis spät in die Nacht sitzt sie an diesem Abend unter der Lampe, stickt an einem Kinderjäckchen und singt dazu leise vor sich hin.

Der Pacher aber sitzt um diese Zeit schon wieder hinter seinem dritten Schoppen Rotwein und freut sich daran, wie die Schauspieler zulangen, wie es ihnen schmeckt, so als hätten sie schon acht Tage nichts Warmes mehr zu essen gehabt. Da er ihnen auch Wein hat hinstellen lassen, lockern sich ihre Zungen, auch sie werden fröhlich, jeder auf seine Art.

Nur das Paar am unteren Tischende sitzt schweigend da. Es ist das Ehepaar Larisch, das erst ein halbes Jahr bei der Truppe ist, wie der Pacher gehört hat. Wahrscheinlich haben sie schon einmal bessere Tage gehabt, sie sind sehr zurückhaltend und haben nichts Komödiantenhaftes an sich.

Der Mann ist groß und von südländischem Typ. In dem Stück vorhin hat er einen Oberst gespielt. Wie ein verschüchtertes Reh sitzt die Frau neben ihm. Sie ist jung, und vorhin, in der Hauptrolle als junge Königin, ist sie schön gewesen wie ein Traum. Jetzt, da sie abgeschminkt ist, ist sie blass und von einer erschreckenden Magerkeit. Dem Pacher tut sie Leid, und er fragt den Direktor: »Ist die Frau denn krank?«

»Ingeborg? Ja – das heißt, sie war krank.«

Mehr sagt Direktor Reindl nicht. In diesem Augenblick schaut Ingeborg Larisch zu ihm herüber. Ihre großen dunklen Augen sehen ihn dankbar an. Dann hebt Michael Larisch sein Glas und trinkt dem Pacher zu.

Plötzlich steht der Direktor auf und klopft an sein Glas. Er will eine Rede halten, und er nennt darin den Pacher einen edlen Gönner und einen Mäzen der schönen Künste und hätte sein Loblied wohl noch eine ganze Weile weitergesungen, wenn ihn der Pacher nicht unterbrochen hätte.

»Es reicht, es reicht«, ruft er lachend und drückt den Direktor auf die Bank zurück.

»Komm, trinken wir auf das Wohl der schönen Künste, und auf Ackerbau und Viehzucht, die es mir ermöglichen, den Mäzen für sie zu machen.«

Dröhnendes Gelächter erfüllt die Gaststube. Der Pacher ist wieder ganz in seinem Element. Aber immer, wenn er zum andern Tischende hinschaut, sieht er Ingeborgs Augen auf sich gerichtet, sodass es ihn ganz durcheinanderbringt. ›Sie sieht schön aus wie ein Engel‹, denkt Ferdinand.

In diesem Augenblick steht die junge Ingeborg Larisch vor ihm und reicht ihm die Hand.

»Ich danke Ihnen von ganzem Herzen, lieber Herr.«

»Was denn? Was denn?«, stottert er, verwirrt von ihrem Blick. »Für was dankst du mir denn?«

»Für alles Gute, das Sie uns getan haben. Und ich wünsche Ihnen für Ihr ganzes Leben nur das Beste.«

Ferdinand Pacher fühlt, dass dieser Wunsch aus ehrlichem Herzen kommt, und er sagt: »Du solltest einmal vier Wochen zu uns auf den Roßkogl kommen. Die frische Luft da oben würde dir gut tun.«

»Das – wäre schön. Aber es wird leider nicht gehen.«

»Alles geht, wenn man will. Ich werde einmal mit meiner Antonia reden. Setz dich noch ein bisschen her zu mir.«

»Danke, ich muss aber jetzt wirklich gehen.«

»Sie ist nämlich von ihrer Krankheit her immer noch etwas erschöpft«, mischt sich jetzt der Direktor ein, der dem Gespräch stirnrunzelnd gefolgt war. Das hätte ihm gerade noch gefehlt! Vier Wochen ohne Ingeborg Larisch, seine beste Schauspielerin. Lange genug hat sie zuletzt nicht mehr auftreten können.

Schon schließt sich hinter ihr die Tür der Gaststube. Bald darauf folgt ihr auch ihr Mann nach. Auch er bedankt sich beim Pacher für alles Gute, das er getan habe, und fragt ihn dann fast drängend, ob er am Sonntag zu der großen Vorstellung »Maria Stuart« komme. Seine Frau spiele die Maria Stuart.

»Freilich komme ich«, antwortet der Pacher. »So was lasse ich mir nicht entgehen.«

Dann trinkt er wieder. Er stößt mit der Frau Direktor an, die schon ganz glasige Augen hat, und duldet es, dass eine naiv wirkende junge Frau in seinem Haar krault. Aber als sie noch zudringlicher wird, sich auf seinen Schoß setzt, den Arm um seinen Nacken schlingt und ihn küssen will, da schiebt er sie unwillig von sich.

»Mädel«, sagt er, »mach keine Dummheiten. Was willst du denn mit einem alten Knochen wie mir, ich könnte ja dein Vater sein!«

Mitternacht ist längst vorüber, als der Pacher den Mylord aus dem Stall holt und heimfährt.

Mit flimmernden Sternen liegt die Nacht über den Kastanienbäumen des Wirtsgartens. Unter diesen Bäumen stehen die drei Wohnwagen der Theatergruppe Reindl. In einem der Wagen brennt noch Licht. Die Vorhänge sind zugezogen; man könnte höchstens durch einen kleinen Spalt in das Innere des Wagens sehen. Aber es ist niemand da, der hineinsehen möchte, und er würde auch nicht viel sehen. In dem einen der beiden schmalen Betten liegt Ingeborg Larisch. Michael sitzt daneben auf einem niederen Hocker. Seine Hände sind in zwischen seinen Knien zusammengefaltet. Die beiden reden im Flüsterton miteinander.

»Ich weiß nicht, Michael«, sagt die Frau. »Ich glaube, ich werde es doch nicht tun können.«

»Wir müssen es doch tun, Inge. Es bleibt uns ja keine andere Wahl. Was sollen wir denn anfangen, wenn wir uns um das Kind kümmern müssen? Wir werden nie mehr auf die Beine kommen.«

Das Kind, von dem sie reden, ein Säugling noch, liegt friedlich schlafend in einem Körbchen im Hintergrund des kleinen Raumes.

»Das weiß ich ja, aber es zerreißt mir einfach das Herz, Michael«, erwidert die Frau mit bekümmerter Miene. »Bist du denn auch sicher, dass das Kind es bei ihm gut haben wird?«

»Ich habe alles genau ausgekundschaftet«, antwortet der Mann. »Der Pacher hat einen großen Hof, aber keine Kinder. Man hat mir erzählt, dass er darüber sehr bekümmert sein soll. Es könnte sein, dass es sogar ein gutes Werk wäre, wenn wir es tun.«

»Ja, ein gutes Werk. Aber – es ist doch unser Kind, Michael. Und schau, seit wir nun gestern diesen Plan gefasst haben, kommt es mir immer vor, als wären wir das Elternpaar aus Hänsel und Gretel, das seine Kinder in den Wald geschickt hat.«

»Ja, bloß dass da die Frau die treibende Kraft war. In unserem Fall bin ich es. Aber es muss sein, Inge, und wir wollen unser Kind ja auch nicht verhungern lassen, sondern es bei guten Leuten versorgt wissen. Willst du denn immer bei dieser Schmiere bleiben, wo wir schon einen Glücksfall wie diesen Pacher brauchen, um uns wenigstens ab und zu einmal satt essen zu können? Wir müssen beide raus aus diesem Hungerleben, und wir sind gut genug, um es schaffen zu können.«

Ingeborg Larisch schweigt eine Weile. Sie versteht die Beweggründe ihres Mannes. Als sie geheiratet haben, ist der Krieg gerade vorbei gewesen. Zwar sind sie sicher gewesen, dass die Bühne ihr Leben ist und ihnen eine Existenz bieten wird, doch die Zeiten sind schwer, auch für Schauspieler. Engagements für kleine Rollen sind nicht leicht zu bekommen und dazu noch schlecht bezahlt.

Als sie schwanger wird, setzt sie das Theater kurzerhand vor die Tür. Schwangere Schauspielerinnen kann man dort nicht gebrauchen. Michael müht sich ab, mit seinem winzigen Verdienst für sie beide zu sorgen, doch dann wird er krank und kann drei Wochen lang nicht auftreten: Kündigung seines Engagements. Daraufhin können sie ihre Miete nicht mehr bezahlen, sie verlieren ihre Wohnung und stehen vor dem Nichts.

So sind sie zu diesem Wandertheater gekommen, wo die schauspielerischen Fähigkeiten der beiden mehr ins Gewicht gefallen sind als Ingeborgs schon merklich gerundeter Bauch. Zumindest haben sie ein Dach über dem Kopf, auch wenn es, wie Michael gesagt hat, ein wahres Hungerleben ist, das sie führen.

Sie haben schon davon geredet, das Kind wegzugeben, bevor es auf der Welt war. Auch Ingeborg sieht keine andere Möglichkeit, um einen neuen Anfang wagen zu können. Und dennoch: Es schmerzt sie, wenn sie das hilflose kleine Wesen ansieht, das sie geboren hat. Sie gibt sich alle Mühe, sich selbst immer wieder zu sagen, dass ihr Kind Besseres verdient hat als das jämmerliche Dasein, das seine Eltern ihm bieten können. Und doch flüstert eine innere Stimme ihr zu, dass sie lieber mit dem Kind in Not und Elend leben sollte, als es fremden Leuten zu überlassen.

Und dann werden sie diese fremden Leute ja nicht einmal fragen können, ob sie sich ihres kleinen Buben wirklich annehmen wollen. Keinesfalls können sie das riskieren, da sind beide sich einig. Sie hat heute Abend diesen Pacher immerzu ansehen müssen. Darf man so einem Menschen etwas aufbürden, das ihn vielleicht in große Verlegenheit bringt und eine Last für ihn wird?

»Er ist ein guter Mensch, der Pacher«, sagt sie. »Vermutlich hast du Recht, dass unser Junge es bei ihm gut haben wird. Aber was, wenn er ahnt, woher das Kind sein kann? Wenn er es zurückbringt?«

Michael Larisch steht auf und öffnet das kleine Fenster. In den Kastanienbäumen rauscht der Nachtwind, und von fern her hört man das Brausen der Isar.

Nachdem er das Fenster wieder geschlossen hat, antwortet er: »Bis dahin sind wir über der Grenze.« Sein Gesicht ist plötzlich entschlossen und hart. »Ich hoffe, dass dir die vier Stunden bis zur Grenze nicht zu weit werden. Sind wir erst drüben, wenden wir uns nach Süden. Irgendwie muss es uns dann gelingen, über den großen Teich zu kommen, nach Amerika. Ich wünsche es so brennend, auch für dich.«

Das Licht im Wagen erlischt.

Ferdinand Pacher ist am Sonntagabend vom tragischen Schicksal der Maria Stuart so sehr erschüttert und innerlich ergriffen, dass er anschließend in der Gaststube stiller als gewöhnlich ist.

Wo ist überhaupt diese Ingeborg Larisch, die Darstellerin der Maria Stuart? Auch ihr Mann fehlt an diesem Abend. Die anderen sind alle da und warten darauf, dass der reiche Bauer aus der Jachenau wieder etwas auftragen lässt. Aber der sitzt bisher nur schweigend und nachdenklich da und nippt an seinem Wein.

Herrgott, wie diese Frau gespielt hat! Der Pacher hat so etwas noch nicht erlebt. Ihr Spiel hat ihn zutiefst ergriffen, sodass er jetzt, weil sie nicht mit am Tisch sitzt, fast glaubt, man habe sie wirklich hingerichtet.

Hat er sich das nur eingebildet, dass sie in dem großen Monolog, bevor sie zum Sterben ging, nur ihn angesehen hat, als spräche sie nur für ihn allein und nicht auch für die anderen Zuschauer in dem brechend vollen Saal? Und auch nachher, als der Vorhang sich noch drei- oder viermal geöffnet hat, hat es gewirkt, als habe sie sich nur vor ihm verneigt.

Er kommt plötzlich wieder zu sich und winkt der Kellnerin.

»Bring den Komödianten zu essen und zu trinken. Da ist auch gleich das Geld dafür.«

Hat man das schon erlebt? Der Pacher geht, ohne sich lärmend wie sonst zu verabschieden. Draußen bleibt er stehen und schaut zum Himmel auf. Heute ist die Nacht nicht so schön. Nur wenige Sterne blinzeln zwischen den dichten, eilig dahinziehenden Wolken. Der Wind schüttelt die

Kastanienbäume, unter denen die Wohnwagen stehen.

Der Pacher zieht seinen Wagen aus dem Vordach der Fremdenstallung. Dann geht er in den Stall, holt den Mylord heraus, spannt ihn vor den Wagen und sitzt auf.

In diesem Augenblick huscht lautlos eine schattenhafte Gestalt hinter dem Mauervorsprung hervor. Und im nächsten wird dem Pacher ein sorgsam verschnürtes Bündel von hinten in die kleine Fläche des Wagens gelegt – und schon ist der Schatten wieder verschwunden.

Im Wegfahren glaubt Pacher von irgendwo ein unterdrücktes Schluchzen zu hören und will schon wieder anhalten und nach dem Rechten sehen. Aber dann ruft er sich zur Ordnung: Das Geräusch kann alles mögliche gewesen sein, das Ächzen eines Astes im Wind, der nun immer stärker durch die Bäume pfeift, oder vielleicht auch das glückliche Lachen zweier Liebender in irgendeinem Winkel des weiten Hofraums.

Er fährt zum Hof hinaus. Mylords Hufe klopfen über die Bohlen der Isarbrücke. Hinter dem Gefährt her hallen elf Schläge der Lenggrieser Kirchenuhr. Da lässt Pacher dem Gaul die Zügel, und wie ein Blitz schießt er die Straße nach Wegscheid dahin.

›Früh bin ich heute dran‹, sagt er zu sich selber und denkt, dass die Antonia sich freuen wird, dass er nicht so spät heimkommt. Die Zügel lässig in der einen Hand, die Beine nach vorne gestemmt, sitzt er weit zurückgelehnt da und genießt den sausenden Fahrtwind, der ihm übers Gesicht streicht.

Noch nie hat er so über sein unruhiges Leben in der letzten Zeit nachgedacht wie heute. Ist ja auch nichts, so ein Leben, sagt er sich, und es fallen ihm dabei die friedvollen Abende ein, die er früher so oft mit Antonia verlebt hat. Wird es je wieder so werden? sinniert er weiter. Wird ihn die innere Unruhe eines Tages wieder loslassen, die ihn in den letzten Monaten so häufig aus dem Haus und zu albernen Zerstreuungen getrieben hat?

Mylord fegt durch die Nacht wie der Teufel. Der Himmel hat sich jetzt ganz überzogen. Nur vereinzelt sieht man noch einen Stern funkeln. ›Es wird Regen geben‹, denkt er. ›Und das ist ganz gut. Die Erde ist ein wenig ausgetrocknet. Aber wenn ich nicht nass werden will, sollte ich so schnell wie möglich heimkommen.‹

Dann endlich ist das Gefährt zu Hause im Hof angekommen. Nicht einen Stern sieht man jetzt mehr, und gerade beginnen die ersten Tropfen zu fallen. Pacher bringt Mylord rasch in den Stall, reibt ihn ab und schüttet ihm Hafer vor. Dann will er durch die eiserne Tür hinüber ins Haus. Heute ist sie aber verschlossen – jemand muss es gedankenlos getan haben, denn sonst ist sie immer offen gewesen.

Darum muss er noch einmal ins Freie, um vorne durch die Haustür ins Haus zu kommen. Der Regen hat inzwischen stärker eingesetzt. Als er am Wagen vorbeigeht, denkt er, dass er ihn wohl unter das schützende Dach ziehen muss. Und plötzlich hört er einen seltsamen Laut. Der Pacher stutzt und lauscht. Der Regen rauscht, und dazwischen steigt wieder dieses Wimmern auf, und das kommt eindeutig aus dem Wagen.

›Was kann das sein?‹, denkt er verwundert. Er tritt zum Wagen und sucht nach der Ursache des merkwürdigen Geräuschs.

Wenige Minuten später hat er das Bündel in der Hand, das während der Fahrt unter den Sitz gerutscht war. Ein Kind hat man ihm in den Wagen gelegt, einen Säugling, der nur wenige Tage alt zu sein scheint!

Wer mag das getan haben? Ist das ein böser Scherz mit dem unglücklichen kinderlosen Ehepaar?

Aber wer treibt mit einem neugeborenen Kind solche Scherze? Nein, das kann nicht sein, niemand in der ganzen Gegend würde so etwas tun, da ist er sich sicher. Er erinnert sich daran, wie schnell er gefahren ist, und ihm erstarrt das Blut in den Adern vor Schreck. Was, wenn das Kind bei voller Fahrt herausgefallen wäre? Es wäre sein sicherer Tod gewesen.

Das Kind weint nun lauter, und der Pacher trägt es vorsichtig ins Haus. Rasch weckt er Antonia.

»Du, Antonia«, flüstert er leise der Erwachenden zu.

Sie richtet sich auf.

»Bist du schon da, Ferdl?«

»Ja.« Er setzt sich an ihr Bett und nimmt ihre Hand. »Komm, Antonia. Ich muss dir etwas zeigen. Du wirst deinen Augen nicht trauen!«

Antonia kann wirklich kaum glauben, was sie auf dem Tisch sieht. Sie beugt sich über das kleine Wesen, das jetzt wieder still ist und mit geschlossenen Augen daliegt.

»Wo kommt denn das Kind her, Ferdl?«

»Man hat es mir in den Wagen gelegt«, sagt Pacher.

Antonia richtet sich auf.

»Wer?«, fragt sie mit gedämpfter Stimme.

»Ja – wenn ich das wüsste. Ich habe es ja selber erst jetzt gemerkt, als ich hier angekommen bin.«

Sie sieht ihn an, merkwürdig scharf und durchbohrend. Dann beginnt sie das Bündel aufzuschnüren.

»Schau her, ein Bub ist es«, sagt er und versucht zu lächeln.

»Nichts ist dabei«, antwortet sie. »Kein Brief, kein Zettel. Gar nichts.«

»Was ist denn das?«, fragt er und deutet auf die Windel. Da ist etwas eingestickt.

»I. L.«, lesen sie gemeinsam. Dann schaut Antonia ihn wieder an, und er schüttelt den Kopf.

»Das ist schon seltsam«, meint er.

Antonia wirft ihm wieder einen sonderbaren Blick zu, und schließlich sagt sie: »Weißt du wirklich nicht, wer die Mutter von dem Kind ist? Vielleicht bist du ja der Vater und denkst dir, weil ich schon kein eigenes Kind bekomme, muss ich dir dein Sündenkind aufziehen. Aber du irrst dich ...«

Sie spricht nicht weiter, denn Ferdinand wird kreidebleich und starrt sie entsetzt an.

»Antonia, das darfst du nicht von mir denken. So wahr ein Gott im Himmel lebt, nie habe ich außer dir eine andere Frau geliebt, und eines ist sicher, nämlich dass ich keine Ahnung habe, wer die Mutter ist. Auf keinen Fall kann ich der Vater sein. Ich habe dir so manchen Kummer gemacht, aber dass du mir eine solche Schlechtigkeit zutraust, hätte ich nicht erwartet. Gib mir das Kind.

Ich lege es wieder hinaus in die Nacht oder vor die Tür anderer Leute hin, die mehr Mitleid mit dem armen kleinen Wurm haben.«

Da nimmt sie das Kind mit einer heftigen Gebärde an sich und trägt es in die Kammer hinaus. Er aber lässt sich schwer auf die Bank fallen und stützt den Kopf in die Hände. Seine Schultern zucken, und plötzlich wirft er die Arme über den Tisch und birgt den Kopf darin. Er hört nicht, dass Antonia leise wieder näher kommt, bis sie ihn anspricht:

»Ferdl, verzeih mir, dass ich auch nur eine Sekunde an dir gezweifelt habe. Und schau, selbst wenn es so wäre, wie ich im ersten Augenblick gemeint habe, ich könnte dir es ja gar nicht verübeln. Ich weiß doch, wie sehr du dir ein Kind wünschst.«

Ferdinand, noch immer betroffen von dem Verdacht, den Antonia ausgesprochen hat, blickt zu ihr auf. »Was sollen wir jetzt tun?«

»Behalten möchte ich das Kind. Dann haben wir halt zwei«, fügt sie leise hinzu, so leise, dass er den zweiten Satz erst nicht versteht.

Er erhebt sich, nimmt seine Frau in die Arme und küsst sie. Als er sie endlich wieder zu Atem kommen lässt, fragt sie ihn:

»Hast du nicht gehört, Ferdl, was ich vorhin gesagt habe?«

»Dass du das Kind behalten willst.«

»Ich habe aber noch etwas gesagt. Dass wir halt dann zwei haben werden.«

Ferdinand braucht einen Moment, um zu begreifen, was das zu bedeuten hat.

»Antonia, ist das wahr?«

»Ja, Ferdl. Wenn das Frühjahr kommt, werden wir ein Kind haben.«

»Warum hast du mir das nicht schon früher gesagt?«

»Erst hatte ich zuviel Angst, dass es ein Irrtum ist, und seit ich sicher weiß, dass ich mich nicht geirrt habe, wollte ich auf einen ganz besonderen Moment warten, um es dir zu sagen, damit es für dich eine ganz besondere Freude ist.«

»Freude? Ja, das ist wohl eine Freude«, sagt er. Dann wird er ganz still. Die hohe Standuhr tickt dröhnend durch den Raum. Und draußen kann man den Regen rauschen hören.

Da fällt sein Blick auf die zwei eingestickten Buchstaben »I. L.« auf der weißen Windel, und wie Schuppen fällt es ihm plötzlich von den Augen. Sein Mund formt den Namen »Ingeborg Larisch«.

Antonia beobachtet beklommen, wie der Bauer am nächsten Morgen den Mylord einspannt und im strömenden Regen talwärts rast. Die Schauspielerin, von der Ferdinand ihr erzählt hatte, ist also wahrscheinlich die Mutter des Kindes. Was mag das zu bedeuten haben? Wird sie ihr Kind nicht wiederhaben wollen? Oder hat sie selbst es auf seinen Wagen gelegt? Sie kann sich beim besten Willen nicht vorstellen, wie eine Mutter, und sei sie auch noch so arm, so etwas tun kann.

Es ist noch früh, als Ferdinand Pacher in den Posthof einfährt, dem Pferd die Zügel lose über den Rücken wirft und es dann mit einer Decke zudeckt. Als er sich umwendet, sieht er den Direktor Reindl gerade aus seinem Wohnwagen kommen. Sein Gesicht scheint verärgert zu sein und hellt sich auch kaum auf, als er den Bauern auf sich zukommen sieht.

Der Pacher redet nicht lange um den heißen Brei herum und fragt, ob er die Ingeborg sprechen könne, die gestern die Maria Stuart so schön gespielt habe.

Das Gesicht des Direktors verfinstert sich noch mehr. »Ach, dieses Pack. Sind alle beide durchgebrannt heute Nacht, mitsamt dem Kind.«

Dem Bauern gibt es einen Riss. »Ach so, ein Kind haben die auch gehabt?«

»Ja, erst sechs Tage alt. Darum haben wir ja fast vier Wochen nicht spielen können. Jetzt, wo wir wieder ins Geschäft gekommen wären, verschwinden sie.«

Der Pacher schaut sich ein wenig um, ob auch niemand in der Nähe ist, der mithören könnte. Dann zieht er den Direktor am Ärmel näher an sich heran.

»Mir hat man heute nacht ein kleines Kind in meinen Wagen gelegt, als ich heimgefahren bin. Ob das das Kind von den Larischs ist?«

Ungläubig blinzelt der Direktor am Pacher vorbei in den fallenden Regen. »Wie sieht das Kind aus?«

Der Bauer zuckt mit den Achseln. »So genau kann ich das nicht sagen. Wie alle kleinen Kinder aussehen, denke ich.«

»Hat es ein Muttermal auf der linken Schulter?«

»Das weiß ich nicht. Komm mit und schau es dir an. Ich möchte schon wissen, ob es das Kind von Ingeborg Larisch ist.«

»Ingeborg Larisch! Nein, was haben die Larischs mir bloß angetan«, jammert Reindl wieder.

»Dir? Mir haben sie das Kind in den Wagen gelegt, nicht dir. Wie heißt das Kind überhaupt?«

»Ich habe keine Ahnung. Es ist noch nicht getauft. Morgen sollte die Taufe sein.«

»Dann müssen wir uns selbst einen Namen überlegen. Jetzt komm schon, du musst mit. Ich muss wissen, ob das Kind wirklich von der Maria Stuart ist.«

»Von der Ingeborg, meinen Sie. Aber sollten wir nicht doch lieber die Polizei verständigen?«

»Wozu? Soll die vielleicht das Kind aufziehen?« Damit zieht der Pacher den anderen auf den Wagen, und in rasendem Galopp geht es auf den Hof.

Direktor Reindl erkennt das Kind auf den ersten Blick und bestätigt, dass es der vor sechs Tagen geborene Sohn der Ingeborg Larisch ist.

»Gut, gut«, nickt der Roßkogler befriedigt und schaut dabei seine Frau an, als wolle er sagen: Siehst jetzt, wie Unrecht du mir getan hast?

Dann stellt er noch genaue Fragen, wie lange die Larischs bei dem Direktor Reindl gewesen, wann genau das Kind geboren und was für Menschen die Frau Larisch und ihr Mann seien.

Direktor Reindl gibt bereitwillig Auskunft, erzählt davon, wie er die beiden Larischs aufgenommen hat, die durch unglückliche Umstände mittellos und ohne Obdach seien. Die beiden seien seine besten Schauspieler gewesen, solche werde er sicher nie wieder finden. Ingeborg sei schon schwanger gewesen, als sie bei ihm angefangen haben. Er habe sie für anständige Leute gehalten, aber jetzt haben sie ihn im Stich gelassen, nach allem, was er für sie getan habe ...

»Du findest sicher bald einen Ersatz«, tröstet ihn der Roßkogler. »Gib ihm jetzt eine Brotzeit, Antonia, und pack ihm für die anderen noch was ein. Jetzt hast du ja gehört, was es mit dem Kind auf sich hat. Wirst jetzt auch keinen Zweifel mehr an mir haben, oder?«

Sie lächelt ihn so gütig an, dass ihm ganz weich ums Herz wird.

»Wir müssen ihn taufen lassen«, weicht sie der Frage aus.

»Ja, gleich morgen. Da hätte die Taufe ohnehin stattfinden sollen.«

Eine Stunde später fährt Pacher den Direktor wieder zurück. Auf der Fahrt versucht der Bauer, noch mehr über das Ehepaar Larisch zu erfahren.

Direktor Reindl lobt die beiden in den höchsten Tönen, aber mehr in der Angst, dem Bauern könne es sonst einfallen, das Kind ihm zu bringen, weil es ja schließlich seiner Abkunft nach in einen Komödiantenwagen gehört und nicht auf einen Bauernhof.

»Eins kann ich nicht verstehen«, meint der Pacher schließlich. »Wenn sie schon so eine gute Seele ist, wie du sagst, dass sie dann ihr Kind hergibt. Eine gute Mutter gibt kein Kind her. Ich hatte ja keine Ahnung und bin gestern Abend gefahren wie der Teufel. Der arme Kleine hätte aus dem Wagen herausfallen können, und was wäre dann mit dem armen Wurm geschehen? Ich mag es mir gar nicht vorstellen.«

Dann wäre das Kind wohl umgekommen. Allein, wie steht es im Familienbuch der Pacher?

»Ohne Gottes Willen fällt kein Sperling vom Dach ...«

Also war es auch nicht Gottes Wille, dass das Komödiantenkind aus dem Wagen fiel, damit es auf der Straße verkomme.

Am Abend, als es schon dunkel ist, zieht der Pacher am Pfarrhaus die Glocke. Es wird eine ziemlich lange Unterhaltung. Der Pacher erzählt ganz ehrlich, wie sich alles abgespielt hat, dass er das Kind bei sich behalten wolle und dass es eben noch getauft werden müsse.

Der Pfarrer fragt, wie das Kind denn heißen soll.

»Martin, hat die Antonia gemeint. Also Martin Larisch.«

»Das hat aber seine Tücken, wenn das Kind anders heißt als ihr, und ich will dir sagen, warum: Das Kind wird in der Meinung aufwachsen, ihr seid seine Eltern. Dann kommt es in die Schule und heißt nicht Pacher, sondern Larisch. Das wird dem Jungen auffallen, und er wird wissen wollen, warum. Ganz abgesehen davon, dass auch die andern Kinder merken, dass irgend etwas nicht stimmt an der Sache. So etwas kann zu Problemen führen.«

»Einmal wird er es erfahren müssen. Wir können ihm doch nicht verschweigen, dass wir nicht seine Eltern sind, oder, Herr Pfarrer?«

»Wenn er einmal alt und reif genug ist, um das zu verstehen, dann kann man es ihm sagen. Aber solange es nicht nötig ist, würde ich das bleiben lassen.«

Der Pfarrer zögert einen Moment, und dann fährt er fort: »Jetzt mal ehrlich, kannst du dir vorstellen, dieses fremde Kind wie dein eigenes aufzuziehen.«

»Natürlich«, meint Ferdinand, der nicht recht begreift, worauf der Pfarrer hinauswill. »Deshalb bin ich ja hier.«

»Dann adoptiert den Kleinen doch einfach. Dann bekommt er euren Namen, und ihr könnt ihm von seiner Herkunft erzählen, sobald ihr es für richtig haltet.«

»Also gut«, sagt der Pacher und steht auf. »Dann werde ich es so machen.«

Und es wird so gemacht. Der Bub erhält in der Taufe den Namen Martin und einige Wochen später amtlich auch den Namen Pacher. So heißt er fortan Martin Pacher.

4

Das Leben auf dem Roßkogl ist jetzt ganz anders.

»Was so ein Kind alles ausmacht«, sagen die Leute am Hof. Ja, dieses fremde Kind hat eine grundlegende Änderung gebracht. Nie mehr reißt es den Bauern in durchzechte Nächte zurück, und wie neugeboren geht er durch die Tage.

Die Wiege mit dem kleinen Martin steht neben Antonias Bett. Der kleine Bursche gedeiht prächtig unter ihrer liebenden Fürsorge, und oft fragt sie sich, ob sie das eigene Kind wohl mehr lieben werde als dieses da. Und sie sagt sich, dass sie dieses fremde Kind wohl schon deshalb nicht weniger lieben dürfe als ihr eigenes, weil es die Liebe seiner wirklichen Mutter nicht bekommen kann.

Der Pacher macht sich darüber weniger Gedanken. Er genießt das Glück, das nun doppelt über ihn hereingebrochen ist, in vollen Zügen. Morgens holt er sich oft den kleinen Martin in sein Bett. Dann macht er ihm leise vor, wie ein Hahn kräht oder ein Pferd wiehert, und freut sich über das erste zahnlose Lächeln des Kleinen.

Um Lichtmess herum lässt es sich dann nicht mehr verheimlichen. Allen ist es jetzt sichtbar, dass Antonia Pacher bald auch ihr eigenes Kind bekommen wird.

Der Schreiner Vierlinger hat eine zweite Wiege gemacht. Sie ist blau, wie die andere auch, und trägt die Jahreszahl 1921 auf der Stirnseite. Zu

Ostern, das dieses Jahr erst spät im April ist, rechnen alle mit der Geburt. Aber Ostern geht vorüber, ebenso die restlichen Tage des April.

Endlich, am zweiten Maitag, scheint es so weit zu sein. Beim Aufwachen am Morgen sieht Ferdinand, dass Antonia etwas gebückt vor dem Bett steht und sich verkrampft am Pfosten festhält.

Sofort ist er hellwach und springt heraus. »Was ist, Antonia?«

»Ich glaube, es ist so weit, Ferdl.«

In fliegender Hast zieht er sich an. Fünf Minuten später rast er mit dem Wagen schon zum Hof hinaus.

Antonia geht zwischen Fenster und Tür hin und her und hält sich immer wieder am Bettpfosten fest, wenn eine Wehe kommt. Sie weiß nicht, wie viel Zeit vergangen ist, bis sie das Gefährt wieder in den Hof rumpeln hört und gleich darauf eine junge, stramme Person, die neue Hebamme aus Lenggries, in die Kammer tritt.

Bis in den dämmernden Abend hinein müht und quält sich Antonia, ihr Kind ins Leben zu bringen. Doch allen Mühen und Schmerzen zum Trotz scheint es mit der Geburt nicht voranzugehen.

In der Stube wandert der Bauer ruhelos auf und ab. Er horcht hinaus in die Kammer, wenn er reden oder stöhnen hört, dann setzt er sein unruhiges Wandern fort. Endlich kommt die Hebamme einmal heraus.

»Was ist?«, fragt er gespannt.

»Es ist noch nicht so weit. Aber nur keine Angst, es ist alles normal.«

»Kann ich zu ihr?«

»Warum nicht?« Es ist schon fast ganz dunkel in der Kammer, sodass er sich zu ihr hintasten muss. Lange und still sitzt er am Bettrand und hat seine Hand auf ihren kalt schwitzenden Arm gelegt.

»Arme Antonia«, sagt er leise.

»Morgen sind wir reich, Ferdl«, flüstert sie, dann fallen ihr vor Müdigkeit die Augen zu, und sie hört sein Weggehen aus der Kammer nicht mehr.

Es hält ihn nicht mehr im Haus. Draußen umfängt ihn die Nacht, und er geht auf das matte Licht zu, das etwa dreihundert Meter weg hinter einem verhängten Fenster schimmert.

Bei seinem Eintritt in die kleine Stube des Fischerhauses hebt der Fischer seine Augen von der Zeitung, die er gerade liest.

»Was gibt's, Nachbar?«

»Ja, was gibt's! Noch nichts.« Der Pacher fährt sich durch das wirre Haar und richtet dann seine Augen Hilfe suchend auf die Frau, die am Ofen hinten hantiert. »Hat denn das bei dir auch immer so lange gedauert, Fischerin? Jetzt quält sie sich schon den ganzen Tag ab. Die Hebamme ist noch so jung, ob sie überhaupt alles richtig macht? Ob ich vielleicht doch lieber den Doktor holen soll?«

Die Fischerin trocknet sich die Hände ab und wirft sich dann einen Schal um die Schultern. »Ich schau mal zu deiner Antonia hinüber.«

»Ja, geh zu ihr.«

Er begleitet sie aber nicht, sondern schlägt den Weg ins Dorf ein.

Eine irrsinnige Angst hält plötzlich sein Herz umklammert. Was, wenn es schief geht? Beim

Haagerbauern ist es vor zwei Jahren so gewesen, dass Mutter und Kind gestorben sind.

Immer schneller werden seine Schritte, zum Schluss rennt er, steht dann schwer atmend vor der Gittertür des Friedhofs und stößt sie auf. Dann steht er mit verkrampften Händen vor dem Grabstein der Pacher und bittet seine Toten da unten, dass sie der Antonia beistehen mögen in ihrer schweren Stunde.

Zehn Uhr schlägt es, als er wieder den Berg hinaufgeht. Von weitem sieht er schon, dass das ganze Haus erhellt ist. Seine Schritte jagen über den Hang hinauf. Bei der Ahorngruppe bleibt er noch einmal stehen, um zu verschnaufen. Da sieht er eine Frau aus dem Haus treten und eine Wasserschüssel leeren. Es ist die Fischerin. Mit einem Schrei stürzt er auf sie zu, um zu erfahren, wie es um Antonia steht und bekommt zur Antwort, dass auf dem Roßkogl fünf Minuten nach neun Uhr ein Sohn geboren worden sei.

Stocksteif steht Ferdinand Pacher. Nun ist er da, der große Augenblick, sehnlichst herbeigewünscht, herbeigeflucht, herbeigebetet. Es überwältigt ihn so sehr, dass er sich einen Augenblick auf die Hausbank setzen muss, wo die leeren Milchkübel aufgestellt sind.

»Ein Sohn«, flüstert er vor sich hin. »Ich habe einen Sohn ...«

Da legt jemand eine Hand auf seine Schulter. Die Hebamme ist es.

»Sie können ruhig zu ihr gehen. Es ist alles in bester Ordnung.«

Er presst ihre Hand so fest, dass sie aufschreit vor Schmerz. Vor der Stube streift er die Schuhe ab und schleicht sich leise in die Kammer. Mit tiefem Mitgefühl betrachtet er Antonias erschöpfte Gesichtszüge und wagt kaum zu atmen, um sie nicht zu wecken. Doch Antonia schläft nicht. Aus einem schmalen Spalt ihrer Augen heraus betrachtet sie ihren Mann und atmet dann erleichtert auf. Sie hat schon Angst gehabt, dass er in ihrer schweren Stunde wieder in irgendeinem Wirtshaus gesessen und gezecht hätte. Aber es weht kein Bierdunst aus seinem Munde, sondern der Duft der Mainacht hängt an seinen Kleidern, und sie streckt ihre Hand nach ihm hin.

»Jetzt hast du deinen Buben, Ferdl ...«

Er fällt neben dem Bett in die Knie, und ohne sich um die Hebamme zu kümmern, die wieder einmal nachschauen gekommen ist, küsst er seine Frau immer wieder und versichert ihr, dass er ihr dies nie vergessen werde.

»Jetzt müssten eigentlich in der ganzen Jachenau die Glocken läuten«, sagt Ferdinand Pacher, als ihm fast genau zwei Jahre später um die Mittagszeit ein Mädchen geboren wird.

»Ferdl«, lächelt die Antonia matt. »Sei doch nicht so hochmütig.«

Er sitzt neben dem Bett und hält ihre Hand.

»Hochmut ist das doch gar nicht«, meint er. »Nur Freude ist es, reine Freude, weil wir jetzt zwei haben, einen Buben und ein Mädchen. Eigentlich versteh' ich es ohnehin nicht: Wenn einer den letzten Schnaufer gemacht hat, dann läutet man die Glocken. Aber wenn einer den ersten Schrei tut, dann bleiben sie stumm.«

»Sie läuten ja jetzt, hör doch«, sagt Antonia.

»Das hast jetzt eben gerade von der Uhrzeit her gepasst. Die Mittagsglocken sind es, Antonia.«

Draußen leuchtet der schöne Maitag. An den Fenstern flitzen die Schwalben vorüber, und einmal hört man den hellen Schrei eines Kindes.

»Das war der Klemens«, stellt der Roßkogler fest. »Ich muss gehen und ihm sagen, dass er ein Schwesterchen hat.«

»Ferdl«, ruft ihn die Frau, als er schon an der Tür ist. »Nicht bloß der Klemens hat ein Schwesterchen gekriegt, der Martin doch auch.«

»Der Martin? Ja, ja, freilich, der Martin.«

»Du darfst nicht vergessen, Ferdl, dass wir jetzt drei Kinder haben, nicht bloß zwei.«

»Drei, ganz richtig, drei«, antwortet er und nimmt umständlich auf dem Stuhl wieder Platz. »Aller guten Dinge sind drei.«

Dann starrt er eine Weile auf den Fußboden und hebt dann plötzlich den Kopf. »Sag einmal, Antonia, wie ist das eigentlich, merkst du einen Unterschied in der Liebe zu den beiden Buben?«

Die Antwort kommt nicht gleich. Es ist gerade, als ob Antonia zuerst lange in sich hineinhorchen müsse, um die richtige Antwort auf diese Frage zu finden.

»Dasselbe wollte ich dich schon ein paarmal fragen, Ferdl, weil es mir manchmal vorkommt, als wärst du dem Klemens mehr zugetan als dem Martin.«

»Meinst du?«, fragt er etwas verblüfft und betrachtet dann seine Hände. »Ich kann mich eigentlich nicht erinnern, dass ich den Klemens schon einmal bevorzugt hätte. Nein, das ist auch nicht der Fall«, setzt er gleich lauter hinzu. »Habe ich dem Klemens vielleicht schon einmal was gekauft, das der Martin nicht gekriegt hätte?«

»An dem allein liegt es nicht, Ferdl. Aber ich habe schon ein paarmal gesehen, wie du den Klemens gestreichelt hast, und der Martin ist daneben gestanden und hätte am liebsten geweint, weil du ihn gar nicht beachtet hast.«

»Tatsächlich? Das ist mir gar nicht bewusst gewesen. Da muss ich in Zukunft besser aufpassen.«

»Ja, das wollte ich dir sagen, Ferdl. Ich mag den Martin genauso gern wie den Klemens. Mir ist es manchmal, als müsste ich dem Martin sogar noch mehr Liebe schenken, weil seine richtige Mutter ihn so im Stich gelassen hat. Ich glaube, es wäre eine Sünde, wenn man einen Unterschied machen würde, weil er nicht von unserem Blut ist.«

Tagelang muss der Roßkogler über dieses Gespräch nachdenken, und er vergisst es auch nicht mehr. Nie mehr bevorzugt er Klemens vor Martin.

Die Zeit rast dahin, und eines Tages ist es dann so weit. Die beiden Buben gehen – neu eingekleidet – an der Hand des Vaters hinunter in die Schule, wo der alte Lehrer sie lächelnd empfängt und meint:

»So, jetzt wollen wir einmal sehen, was in den zwei Pachern steckt.«

»Der Klemens, meine ich, hat das hellere Köpfchen«, mutmaßt der Roßkogler. »Aber er ist auch etwas lauter als der Martin, und dafür hat der Martin viel mehr Geduld als der Klemens, wenn er eine Sache angefangen hat.«

»Na ja, wir werden ja sehen. In zwei Jahren kommt ja auch schon eure Ursula in die Schule. Wie bloß die Zeit vergeht!«

Ja, die Jahre rasen dahin, und es geschieht so allerhand. Die Jachen hat jetzt kaum mehr Wasser, seit sie drüben das große Kraftwerk gebaut haben. Dafür aber hat die ganze Jachenau jetzt elektrisches Licht, und die Petroleumlampen wurden in den hintersten Winkel der Dachböden gestellt.

Der Roßkogler hat in seinem blonden Haar schon graue Fäden, Antonia ist nicht mehr so schlank wie in der Zeit vor den Kindern, auf ihrer Stirn zeigen sich die ersten Falten, aber das mag von den vielen Zweifeln kommen, die heimlich an ihr zehren, ohne dass sie sich darüber ausspricht. Klemens ist es, der ihr so sehr zu denken gibt. Sein ganzes Wesen sprüht von Heftigkeit, auf Ermahnungen reagiert er verstockt und trotzig, und das führt oft so weit, dass sie unwillkürlich die Hand erhebt und sich nur mit Mühe zurückhalten kann. Aber dann lässt sie die Hand doch wieder sinken und denkt: ›Ist es recht, wenn ich mein eigenes Kind schlage und das andere streichle?‹

Das, ja, das sind ihre Zweifel, die sie oft in ein verwirrtes Grübeln hineintreiben.

Eines Tages aber reißt ihr dann doch der Geduldsfaden. Sie steht in der Küche am Herd, als ihrer Hand ein Schöpflöffel entgleitet. Klemens, der am nächsten steht, tut so, als hätte er es gar nicht gesehen. Da sagt Antonia:

»Heb ihn mir bitte auf, Klemens.«

Der rührt sich nicht und sieht nur den Martin an, der viel weiter weg ist.

»Hast du nicht gesehen, dass der Mutter der Schöpflöffel heruntergefallen ist?«, sagt er zu ihm.

Martin springt sofort von der Bank. Da tritt Antonia dazwischen.

»Ich hab es aber dir gesagt, Klemens«, sagt sie.

Der Bub sieht sie trotzig an. »Ich will aber nicht.«

Da trifft ihn ein harter Schlag der Mutter ins Gesicht. Ihre Finger zeichnen sich rot auf der Wange ab. Der Bub verzieht keine Miene, nur seine Brauen schieben sich finster zusammen. Das bringt Antonia erst recht in heftigen Zorn, aber sie schlägt ihn nicht noch einmal, sondern fasst ihn beim Genick und zwingt ihn unerbittlich nach unten zum Boden, um den Schöpflöffel aufzuheben. Nur widerwillig tut er es, legt ihn auf den Herdrand und geht mit blassem Gesicht, aber hoch aufgerichtet hinaus.

Dieser Vorfall gibt Antonia schwer zu denken, und sie erzählt ihn in Gegenwart der Kinder Ferdinand. Der hört es sich ruhig an, dann erst beginnt die Ader an seiner Schläfe zu klopfen, wie immer, wenn ihn etwas stark erregt. Seine hellen Augen umfassen dann den Klemens ganz scharf.

»Du, wenn das noch einmal vorkommt, dann leg ich dich übers Knie, dass du die Engel singen hörst.«

»Können Engel singen?«, fragt darauf die kleine Ursula.

»Ich habe sie schon einmal singen hören«, antwortet ihr Martin, worauf Klemens spöttisch den Mund verzieht.

»Das war höchstens der Wind«, sagt er spöttisch.

»Ja, aber im Wind singen die Engel, gell, Mutter?«

»Ja, Martin, im Wind und im Regen. Überall ist Gottes Stimme.«

Antonia bemüht sich in der Folgezeit, Klemens trotz aller Strenge, mit der sie hofft, ihn zu mehr Disziplin anzuhalten, besonders liebevoll zu behandeln und erschrickt beinahe vor der hölzernen Steifheit, mit der Klemens nun ihren Liebkosungen begegnet. Wie ganz anders ist dagegen Martin. Wenn sie ihn einmal an sich zieht, schmiegt er sich voller Bereitschaft an sie. Er legt seine Arme um ihren Hals und schmiegt seine Wange an die ihre.

»Ich hab' dich furchtbar lieb, Mutter«, sagt er.

»Ich dich auch, Bub«, antwortet Antonia.

Aber nicht nur innerlich, sondern auch äußerlich sind die beiden Buben grundverschieden. Klemens ist klein und untersetzt. Sein Haar ist dunkel wie das der Mutter, aber nicht so weich, sondern trocken und zäh. Die Augen stehen bei ihm schräg und die Backenknochen ein wenig vor. Sein Kinn ist trotzig vorgeschoben und der Mund von hartem Schnitt.

Martin dagegen ist schlank und biegsam wie eine Gerte. Sein Gesicht ist schmal, sein Mund weich. Sein Haar ist blond, die Augen aber ganz dunkel. Ja, rein von der äußerlichen Ähnlichkeit könnte man Martin viel eher für den wirklichen Sohn des Pachers halten als Klemens.

Zwischen den beiden Buben steht quicklebendig und immer fröhlich die kleine Ursula, die nun schon fünf Jahre alt wird. Sie gleicht aufs Haar ihrer Mutter, hat dagegen aber wieder die blauen Augen des Vaters. Über ihrem Näschen tanzen lustig ein paar Sommersprossen und geben dem runden Gesichtchen etwas Keckes. Im Wesen aber ist sie anschmiegsam und zärtlich. Sie ist ihres Vaters besonderer Liebling.

So wachsen die drei Kinder auf dem Roßkogl heran und haben eine unbeschwerte und schöne Kindheit, während die Zeit vergeht.

Ja, sie geht dahin. Die Monate und Jahre scheinen es eilig zu haben, und so wie die Buben wachsen und eine tiefere Stimme bekommen und Ursula ein großes Mädchen wird, dem die Mutter jetzt die Zöpfe schon aufsteckt, genauso beginnen des Roßkoglers Schultern sich nach vorne zu neigen, ohne dass er selbst es weiß. Nur Antonia sieht es, wenn sie ihm manchmal vom Küchenfenster aus nachschaut, und ihr Herz durchzieht dann eine leise Wehmut, weil sie dann weiß, dass auch sie den Zenit ihres Lebens bereits überschritten hat.

Der Roßkogler ist stiller geworden. Gelassen schaut er in seinen Abend hinein mit dem Gefühl eines Menschen, der von sich weiß, dass er pflichtgetreu durchs Leben gegangen ist, das nun immerhin schon an die sechsundfünfzig Jahre währt.

Ja, die Buben gehen bereits das letzte Jahr in die Schule und sind mächtig in die Höhe geschossen. Sie sind schon zu allerlei Arbeiten zu gebrauchen, wenn auch der Klemens sich gerne davor drücken möchte.

Eines Abends sitzen Ferdinand Pacher und Frau Antonia draußen unter der Gruppe der sieben Ahornbäume auf der Bank. Das Abendrot leuchtet auf den Flanken der Berge. Nur über den Rautbergkopf zuckt noch ein hellerer Schein, ganz kurz nur, dann ist auch seine Kuppe mit Rot und Purpur übergossen.

Der Bauer hat seine stille Stunde und sitzt mit dem zufriedenen Schweigen, das er sich angewöhnt hat, neben seiner Antonia. Beide haben sie die Hände im Schoß gefaltet. Auf einmal hebt Ferdinand den Kopf.

»Ich hab' mir jetzt schon die ganze Zeit durch den Sinn gehen lassen«, sagt er langsam, »dass der Klemens den Hof früher übernehmen soll, als ich ihn in die Hand gekriegt habe.«

Still lächelnd fasst Antonia nach seiner Hand.

»Fühlst du dich schon alt werden, Ferdl?«

»Nein. Aber ich weiß ja, wie hart es mich angekommen ist, damals bei meinem Vater so lange zu warten und den Knecht machen zu müssen. Und warum sollen wir zwei nicht auch noch was Schönes vom Leben haben, Antonia? Ich lass das Austragshäuschen neu verputzen und die Mauer zwischen den zwei kleinen Kammern herausreißen, sodass wir dann später eine schöne, große Stube zum Wohnen haben.«

Antonia nickt.

»Das machst du, ja. Aber es eilt nicht damit. Der Klemens wird ja im Mai erst vierzehn.«

»Ist es nicht unglaublich, wie schnell vierzehn Jahre vergangen sind? Die nächsten zehn Jahre vergehen sicher nicht langsamer, und dann sind wir sicher reif für die Übergabe. Was meinst denn du? Wird der Klemens ein richtiger Bauer?«

»Das kann man jetzt noch nicht sagen. Aber was machen wir mit dem Martin? Ganz leer dürfen wir ihn auch nicht ausgehen lassen.«

»Vielleicht hat er Lust, einen Beruf zu lernen, den Hof muss ich auf alle Fälle dem Klemens geben. Oder bist du anderer Meinung?«

»Nein, nein! So wie du meinst, ist es schon richtig. Aber eines habe ich schon festgestellt, der

Martin stellt sich meistens geschickter an als der Klemens.«

»Wenn er erst einmal aus der Schule ist, dann nehme ich ihn schon an die Hand, den Klemens.«

Im Ahorn rauscht der Wind lauter, und von irgendwoher hört man ein Kapellenglöckchen läuten. Es ist eine ihrer friedlichen Stunden, die besonders Antonia sehr genießt. Man kann sich schon glücklich fühlen, so in stillem Ausruhen dazusitzen in dem Wissen, dass alles wohlgeordnet ist für die kommende Zeit.

Dann aber kommt ein Tag, der für Antonia wieder vieles in Frage stellt.

Klemens hat wieder einmal Streit gesucht. Es ist in der großen Pause um zehn Uhr, die der alte Lehrer Kipferl dazu benützt, dass er in der Küche bei seiner Frau eine große Tasse Kaffee und zwei Wecken genießt. Wenn der Kaffee recht heiß ist, dauert die Pause fünf Minuten länger.

Gerade in diesen fünf Minuten geschieht es heute, dass der körperlich viel stärkere Niederreder-Anton den Klemens zu Boden zwingt und ihm die Gurgel zudrückt.

Martin sieht den Bruder in seiner Bedrängnis, und obwohl er selbst Mühe hat, zwei andere abzuschütteln, reißt er sich mit einem Ruck los und will den Anton von Klemens wegreißen. Die andern stürzen nach, fallen übereinander her, balgen sich auf dem Boden.

Klemens hat durch Martins Hilfestellung etwas Luft bekommen und stößt blitzschnell mit seinem Taschenmesser zu, sodass der Anton wild aufschreit und seinen Oberarm hält.

Die Rauferei ist schlagartig zu Ende. Martin sieht das Messer liegen und hebt es auf. Er hält es noch in der Hand, als plötzlich der Lehrer unter ihnen steht und aufgeregt an seiner Nickelbrille rückt.

»Was ist hier los?«

»Mit dem Messer ist er auf mich losgegangen, der Hund«, jammert der Niedereder mit verzerrtem Gesicht.

Klemens steht da, ein wenig bleich und greift nach seinem Hals.

»Wer ist das gewesen?«

»Der Pacher.«

Der Lehrer schaut sich mit traurigen Augen um, und da fällt sein Blick auf das Taschenmesser in Martins Hand.

»Martin – du?« Der Lehrer will es gar nicht fassen. »Du hast mit dem Messer –?«

»Nein, nein«, stottert Martin erschrocken. »Ich hab' das Messer liegen gesehen und hab' es aufgehoben.«

Der Lehrer sieht ihn durchdringend an. Er will es nicht recht glauben.

»Gib das Messer her«, sagt er dann. »Los, hinauf jetzt! Und du, Anton, geh in die Küche zu meiner Frau, damit sie dich verbindet. Recht tief scheint der Stich ja nicht zu gehen. Schlimmstenfalls musst du nach Lenggries zum Doktor, aber ich glaube nicht, dass das wirklich nötig sein wird.«

Im Hinaufgehen ins Klassenzimmer raunt Klemens seinem Bruder Martin zu: »Nimm es auf dich, Martin!«

»Ja, aber ich war es doch gar nicht.«

»Aber dir passiert nicht so viel wie mir, weil du sonst nie raufst.«

»Ich kann doch nicht etwas zugeben, was ich nicht getan habe!«

»Ach so, du kannst nicht?«, spöttelt Klemens. »Du bist mir ein schöner Bruder. Anstatt zu mir zu halten, sorgst du dafür, dass ich noch tiefer ins Schlamassel komme.«

»Es ist doch dein Messer, Klemens.«

»Deines sieht aber genau gleich aus, weil der Vater uns damals beiden das gleiche gekauft hat. Martin, wenn du mich diesmal deckst, steh' ich ein andermal für dich ein. Ganz ehrlich!«

Sie sind im Klassenzimmer angelangt. Es ist eine gemischte Klasse, und die Pacher-Ursula ist auch darunter. Sie sitzt, nur durch den Zwischengang getrennt, vom Klemens einen Meter entfernt.

Die Schüler reden aufgeregt durcheinander. So genau hat niemand gesehen, wer nun mit dem Messer zugestochen hat. Aber es ist zugestochen worden. So etwas ist in dieser Schule noch nicht vorgekommen.

Da geht die Tür auf, und es wird mäuschenstill. Der Lehrer geht an die Tafel und nimmt den Tatzenstecken aus der Rinne.

»Pacher«, sagt er und schaut über seine Brillengläser über die Bankreihen hin.

Martin spürt einen Stoß in seinem Rücken und steht auf.

»Komm nach vorne!«

Mit blassem Gesicht steht Martin dann vor dem Lehrer und senkt seinen Blick zu Boden.

Der Lehrer, sonst dem Martin sehr zugetan, fordert ihn auf, dass er ihn anschauen solle.

Zögernd hebt Martin den Kopf. Um seine Augen flirrt es.

»Hast du wirklich zugestochen, Martin?«

»Ja.«

»Warum hast du das getan?«

»Ich hab' – mir nicht mehr anders zu helfen gewusst.«

»Ach so. Und da muss man gleich zum Messer greifen. Du kannst von Glück sagen, dass es nur ein wenig in die Haut gegangen ist. Wer hat eigentlich angefangen zu raufen?«

»Das weiß ich nicht mehr.«

»So, dann muss ich dir halt dein Gedächtnis ein wenig auffrischen. Heb die Hand her.«

Martin streckt die Hand vor, dann die andere und dann wieder die rechte. Ohne Wimpernzucken nimmt er die zielsicher geführten Schläge hin. Beim dritten Schlag schreit plötzlich die Ursula: »Herr Lehrer, der Martin war es ja gar nicht.«

Klemens wirft ihr einen wütenden Blick zu und zischt:

»Warte nur, bis wir auf dem Heimweg sind, das zahle ich dir heim.«

»Warst du es, Martin Pacher?«, fragt der Lehrer.

»Ja«, antwortet Martin und streckt wieder die Hand vor. Vielleicht ist der Lehrer aus dem Konzept gekommen, oder er denkt, dass für einen Messerstecher sechs Tatzen zu wenig seien. Er holt schon zum siebten Schlag aus, als sich der Klemens in seiner Bank aufrichtet und sagt: »Mehr als sechs Schläge sind verboten, Herr Lehrer.«

Verblüfft und zornig zugleich hält der Lehrer inne. »Ich glaube, dass auch du sechs Schläge verdient hättest, Klemens, denn so wie ich dich kenne, hast ja doch du die ganze Rauferei angestiftet.«

Dann wirft er den Tatzenstock auf seinen Platz zurück und nimmt auf seinem Podest Platz.

»Also, machen wir weiter. Vierhundert geteilt durch sechzehn. Achensteiner, wieviel ist das?«

Auf dem Heimweg geht Klemens wirklich auf seine Schwester Ursula los. Aber Martin fährt dazwischen, packt seinen Bruder mit solch derber Kraft an der Brust und schüttelt ihn hin und her, dass Klemens ganz verdutzt die Augen aufreißt.

»Hö, hö, spinnst du, oder was?«

»Wenn du die Ursula anrührst, schlag' ich dich windelweich.«

Klemens zuckt die Schultern, aber er fühlt sich sichtlich unbehaglich.

»Spiel dich nur als ihr Schutzpatron auf.«

Die Kunde von der Messerstecherei ist den Kindern bereits vorausgeeilt, und Ferdinand Pacher steht bereits mit aschfahlem Gesicht vor dem Haus und hat die Hände hinter dem Rücken versteckt. In seinen dunkelblauen Augen flimmert es in verhaltenem Zorn.

»Auweh, der Vater weiß es schon, glaube ich«, zischelt Klemens. »Martin, jetzt musst du zu der Sache stehen, sonst hast du die sechs Tatzen umsonst eingesteckt.«

Unwillkürlich verlangsamt er den Schritt, sodass Martin und Ursula als Erste bei dem Vater ankommen. Der Vater wartet, schaut nur den Martin durchbohrend an, bis auch Klemens herbeigezottelt kommt.

»So – was war da los heute in der Schule? Du sollst mit dem Messer auf den Niedereder-Anton losgegangen sein?«

»Wer hat denn das herumgetratscht?«, fragt Klemens gereizt. »Gewiss der Fischer-Muckl von drüben.«

»Das geht dich nichts an. Ich habe dich gefragt, Martin. Ist das wahr?«

Martin schaut dem Vater offen ins Gesicht. Er möchte gerne weiter zu dem stehen, was er in der Schule schon zugegeben hat.

Aber er spürt plötzlich, dass er seinen Vater einfach nicht anlügen kann. Tränen treten ihm plötzlich in die Augen, als er in das kummervolle Gesicht des Vaters schaut.

In diesem Augenblick tritt die Ursula mutig vor den Vater hin.

»Vater, der Martin war es gar nicht. Der Klemens war's – ich hab' es genau gesehen.«

Der Roßkogler scheint zusammenzuzucken – aber, denkt Martin, da hat er sicher nicht richtig hingesehen. Schließlich ist der Vater ein Musterbeispiel an Selbstbeherrschung.

Ganz langsam wendet sich dessen Blick nun Klemens zu.

Forschend ist der Blick des Vaters, als er Klemens fragt: »Warst du es?«

»Kann schon sein«, antwortet Klemens bockig.

»Und wie kommt es, dass der Martin dafür bestraft worden ist?«

Er bekommt keine Antwort.

»So, du stichst zu und bist dann zu feige, dafür einzustehen? Lässt einen andern für dich schlagen?«

Er packt Klemens am Kragen und erhebt drohend die Hand, um ihn zu schlagen. Mitten in der Bewegung erstarrt er, macht ein angeekeltes Gesicht und schleudert seinen Sohn von sich, sodass der einige Schritte rückwärts stolpert und schließlich hinfällt.

Sein Vater dreht sich abrupt um und sagt zu Klemens, der mit beklommenem Gesichtsausdruck am Boden liegt und sich angesichts des überwältigenden Zorns seines Vaters kaum zu bewegen wagt, ohne ihn anzusehen: »Geh in dein Zimmer, Klemens, und dort bleibst du bis morgen früh. Ich will dich heute nicht mehr sehen, sonst, bei Gott, weiß ich nicht, wie weit ich mich vergessen werde ...«

Hinterher sitzt er blass und erschöpft in der Küche.

Da tritt Antonia vor ihn hin und fährt ihm durchs Haar.

»Reg dich nicht so auf, Ferdl.«

»Da soll man sich nicht aufregen! Antonia, ich begreife einfach nicht, wie mein eigenes Fleisch und Blut so missraten sein kann.« Wieder schüttelt er verständnislos den Kopf. »Dass er den Niedereder-Anton mit dem Messer angegriffen hat, ist ja schon schlimm genug. Aber dass er den Martin vorgeschoben hat, um seiner Strafe zu entgehen, das ist so ... so feige und niederträchtig, dass ich mich für ihn in Grund und Boden schäme.«

»Er wird es kein zweites Mal tun, da bin ich sicher.«

»Aber ich bin ja selbst schuld daran«, braust der Bauer wieder auf. »Ich habe ihm immer zu viel durchgehen lassen, obwohl ich ja nicht blind bin und sehen konnte, dass er eine starke Hand braucht.«

Antonias begütigende Worte machen ihn schließlich wieder ruhiger, und so meint er nach einiger Zeit: »Gehen wir jetzt essen. Aber dem Klemens bringst du nichts in sein Zimmer. Der soll hungrig über seine Sünden nachdenken!«

5

Das Ereignis auf dem Schulhof führt schließlich auch dazu, dass Martin Pacher von seiner Herkunft erfährt, von der er bis zu diesem Zeitpunkt nichts geahnt hat. Zwar beratschlagen Antonia und Ferdinand von Zeit zu Zeit darüber, ob sie es ihm nicht allmählich einmal sagen sollten, doch jedes dieser Gespräche endet unweigerlich damit, dass Antonia darauf besteht, noch weiter damit zu warten. Sie fürchtet sich davor, wie Martin die Geschichte seiner Herkunft aufnehmen könnte. Und Ferdinand, der zwar zu bedenken gibt, dass es Martin noch viel mehr kränken könnte, wenn sie zu lange damit warten, fügt sich ihrem Wunsch.

Am Morgen nach der Prügelei auf dem Schulhof gehen die drei Pacher-Kinder wieder gemeinsam zur Schule. Als sie in die Nähe der Straße kommen, stutzt Martin plötzlich.

»Da, schaut einmal.«

Am Ufer der Jachen, unweit der Brücke, stehen zwei stämmige Burschen. Es sind der Niedereder-Alois und der Thomas, die beiden älteren Brüder des Anton, der gestern den Messerstich abbekommen hat. Sie sind sechzehn und siebzehn Jahre alt. Der Thomas krempelt gerade seine Hemdsärmel hoch.

»Die warten auf uns«, sagt Klemens ahnungsvoll. »Was tun wir jetzt?«

»Ausweichen können wir nicht mehr«, antwortet Martin. »Sie haben uns schon gesehen, wir müssen ihnen gegenübertreten.«

Schon im nächsten Augenblick treffen die Gegner aufeinander. Die beiden großen, starken Burschen fallen gleich über den Martin her, dessen erster Schlag ins Leere geht. Da prügelt Ursula wild schreiend auf den Niedereder-Thomas ein, sodass dieser überrascht von der plötzlichen Attacke Martin freigibt, sich nur noch die Arme vors Gesicht hält und zurücktaumelt. Nachdem er die Situation jedoch erfasst hat, sammelt er sich und geht wutentbrannt auf Ursula los, packt sie und schüttelt sie so sehr, dass sie ihr Gleichgewicht verliert und nur noch wie ein nasser Sack an seinen Händen hängt. Das ruft Klemens auf den Plan, der nun beginnt, wie ein Berserker auf Thomas einzuschlagen. Klemens schafft es so, den Thomas dermaßen zu irritieren, dass er Ursula loslässt. Diese geht zunächst zu Boden, im nächsten Moment jedoch springt sie wie eine Feder auf und dem Alois mit einer katzenhaften Bewegung an den Hals, dass dieser zu Boden stürzt. Zusammen mit Martin, der sich inzwischen von Thomas' Angriff erholt hat, versucht sie, Alois in Schach zu halten.

Im ausgetrockneten Bett der Jachen ringen die ungleichen Gegner miteinander, bis schließlich die Niederederbuben ihre Niederlage einsehen und zurückweichen. Arg mitgenommen stehen sie dann auf der Böschung und wagen es nicht mehr, nochmals anzugreifen.

Wut und die ungestillte Rache reißen den Niedereder-Thomas dann wohl dazu hin, herüberzuschreien: »Du Bastard!«

»Selber Bastard!«, schreit der Klemens zurück und bückt sich nach ein paar Kieselsteinen.

»Von dir rede ich nicht. Den Martin meine ich. Der ist ja gar kein echter Pacher.« Er lacht höhnisch und zeigt mit dem Finger auf das Objekt seines Spotts.

»Dich haben sie ja bloß von der Straße aufgeklaubt, Martin. Von Landstreichern stammst du ab, dass du es nur weißt. Ein minderwertiges Subjekt bist du, ein dahergelaufenes!«

»Das sage ich aber unserem Vater!«, schreit die Ursula jetzt hinüber.

»Sag es ihm doch!«, höhnt es von drüben zurück. »Er muss es ja wissen, wo er den Martin herbekommen hat. Die Eltern von dem Martin waren Landstreicher, und weil sogar die ihn nicht haben wollten, haben sie ihn hier im Dorf liegen lassen. Der Pacher hat ihn in der Nacht in seinem Wagen gefunden.«

Martin ist blass geworden. »Du lügst!«, ruft er dem Niedereder-Thomas zu. Doch so ganz überzeugt klingt das nicht.

Tatsächlich hat er sich in letzter Zeit manchmal gefragt, wie es denn sein kann, dass er nur ein halbes Jahr älter ist als sein Bruder Klemens. Geschwister, die weniger als ein Jahr im Alter auseinander sind, gibt es sonst keine in der Gegend. Und ebenso hat er sich manchmal gewundert, dass die Eltern immer so selbstverständlich davon geredet haben, dass der Klemens, der ja jünger ist als er selbst, Hoferbe sei, obwohl überall sonst der älteste Sohn den Hof erbt.

Martin ist nie auf die Idee gekommen, dass es bedeuten könnte, dass er in Wirklichkeit gar nicht das leibliche Kind seiner Eltern ist. Doch nun, da der Niedereder es gesagt hat, begreift er sofort, dass dies eine einleuchtende Erklärung dafür wäre. Martin ist zumute, als täte sich ein Abgrund vor ihm auf, denn er fühlt, dass die Beschimpfungen des Niedereder einen wahren Kern haben müssen. Wortlos dreht er sich um und geht.

Betreten folgen ihm die Geschwister. Nur die Ursula schaut sich ab und zu um, ob die zwei Burschen vielleicht noch einmal angreifen wollen. Aber die gehen bereits über die Wiese in die andere Richtung davon.

»Der Niedereder-Thomas ist ein Lügner«, sagt die Ursula dann empört.

»Wenn er aber doch Recht hat?«, zweifelt Klemens. »So was kann man doch nicht so ohne weiteres behaupten.«

»Geh, bist du dumm«, lacht ihn die Ursula aus. »Dann wäre doch der Martin nicht unser Bruder.«

»Nein, dann wäre er nicht unser Bruder.«

Mittlerweile haben sie die Schule erreicht. Martin nimmt in seiner Bank Platz, steht geistesabwesend auf, als der Lehrer hereinkommt, und setzt sich wieder nieder. Er schreibt Rechenaufgaben in sein Heft und bemerkt kaum, dass er schreibt. Er liest auf Aufforderung des Lehrers und weiß kaum, was er liest. Immer wieder lässt er sich die Behauptungen des Niedereder-Thomas durch den Kopf gehen, und je länger er darüber nachdenkt, desto sicherer ist er sich, dass sie nicht ganz aus der Luft gegriffen sein können.

Nach der Pause erscheint Martin nicht mehr zum Unterricht. Er ist einfach weggegangen, und niemand weiß, wohin. Der Lehrer schüttelt betrübt den Kopf über das seltsame Gebaren seines einstigen Musterschülers, setzt einen geharnischten Brief an den Pacher auf und überreicht ihn Ursula, die ihn ihrem Vater geben soll. Dabei macht er sich selber Gedanken, was den sonst so ruhigen und fleißigen Buben plötzlich so verwandelt haben mag.

Martin irrt draußen umher. Noch immer klingt dieses furchtbare Wort »Bastard« in seinen Ohren. Die Zweige raunen es ihm zu, im Plätschern des Baches ist es enthalten.

»Bastard ... Bastard ...«

Schließlich rafft er sich auf und macht sich auf den Weg nach Hause. Er wird seine Mutter fragen, ob sie wirklich seine Mutter ist, und sein Vater wirklich sein Vater, oder ob es stimmt, dass sie ihn auf der Straße aufgelesen haben, wie der Niedereder-Thomas behauptet hat. Und er nimmt sich vor, dass er den Thomas windelweich schlägt, wenn er gelogen hat.

Er rennt fast den Berg hinauf und steht dann keuchend und abgehetzt in der Küche vor der Mutter.

»Mutter«, bricht es sofort und ohne weitere Erklärung aus ihm heraus. »Ich muss dich was fragen.«

Er holt tief Luft und setzt neu an.

»Mutter ...«, er macht ein paar tastende Schritte vorwärts, »sag mir bitte die Wahrheit. Bist du wirklich meine Mutter?«

Obwohl sie beim Anblick des verstörten Buben schon längst geahnt hat, welche Frage kommen würde, trifft sie Antonia wie ein Schlag. Was soll sie ihm jetzt nur sagen? Sie bereut in diesem

Augenblick, dass sie nicht auf Ferdinand gehört und längst mit ihm darüber geredet hat.

»Hast du«, stottert sie endlich mühsam, »hast du schon einmal das Gefühl gehabt, Martin, dass ich dir keine gute Mutter bin?«

»Mutter, du weichst mir aus!«, ruft Martin aufgebracht. »Dann stimmt es also, oder nicht?«

»Woher weißt du – wer sagt das überhaupt?«

In übersprudelnder Hast erzählt er ihr, was am Morgen an der Jachen geschehen ist. Und sie weiß nun, dass sie ihn nicht mit Ausflüchten abspeisen kann. Sie geht vom Herd weg, geht in der großen Küche auf und ab und versucht, die richtigen Worte zu finden. Dann bleibt sie im Licht des Fensters stehen.

»Ja, Martin, es ist wahr, dass wir nicht deine leiblichen Eltern sind, auch wenn der Rest, den der Niedereder behauptet hat, gelogen ist.«

»Also doch«, sagt Martin und schlägt die Hände vors Gesicht. Er hatte es doch geahnt!

Antonia nähert sich ihm und will ihn in die Arme nehmen, doch Martin entzieht sich ihr mit einer abrupten Bewegung.

»Ihr habt mich angelogen!«, wirft er ihr in bitterem Ton vor.

»Das stimmt nicht, Martin«, erwidert Antonia ernst. »Wir wollten es dir sagen, aber noch nicht jetzt. Wir dachten, es wäre unrecht, wenn du immer denken musst, dass wir dich vielleicht anders behandeln als deine Geschwister, weil du nicht unser leibliches Kind bist.«

Sie sieht Martin eindringlich an. »Martin, wir haben dich nicht weniger lieb als deine Geschwister. Es spielt keine Rolle, wessen Kind du eigentlich bist. Bei uns bist du aufgewachsen, hier bei uns bist du zu Hause, und das zählt mehr als deine Herkunft.«

»Bloß eins noch«, verlangt er drängend. »Wer war meine wirkliche Mutter. Stimmt es, dass sie eine Landstreicherin war? «

»Nein, Martin. Eine Landstreicherin war sie nicht, sondern eine Schauspielerin bei einer Theatertruppe, die in Wohnwagen in der Gegend herumgereist ist. Aber dein Vater weiß mehr über sie. Wenn du ihn fragst, wird er dir sicher alles von ihr erzählen, was er weiß.«

Martin dreht sich wortlos um und verlässt den Raum. Antonia fühlt sich plötzlich so erschöpft, dass sie sich nicht mehr auf den Beinen halten kann. Sie lässt sich auf die Herdbank sinken und fängt an zu weinen.

So findet sie nach einer Weile der Roßkogler, als er von den Wiesen heimkommt.

»Na, na, was ist denn?«, fragt er verdutzt, als er sieht, dass das Essen erst zur Hälfte zubereitet ist und die Bäuerin wie ein Häufchen Elend dasitzt und stumm vor sich hinstarrt, mit einem Gesicht, als habe sie ein Gespenst gesehen.

»Martin«, sagt Antonia. Sie schluckt und setzt erneut an: »Sie haben ihm gesagt, dass wir nicht seine wirklichen Eltern sind.«

Mehr bringt sie nicht heraus, aber die paar Worte genügen, dass auch der Bauer einen Schreck bekommt. Er bleibt trotzdem ganz ruhig, nimmt den Hut ab und fährt sich mit gespreizten Fingern durchs Haar.

»Wer hat es ihm gesagt?«, fragt er dann. »Von unseren Leuten jemand?«

Antonia erzählt ihm schnell, was sie weiß, und Ferdinand Pacher nickt dazu.

»Einmal hat das so kommen müssen, Antonia«, sagt er dann. »Damit hätten wir eigentlich rechnen sollen. Siehst du, es war doch ein Fehler, dass ich nicht schon längst selber mit ihm geredet habe. Dass er es auf so dreckige Weise hat erfahren müssen, ist natürlich schlimm. Wo ist er denn jetzt?«

»Ich weiß es nicht. Ich habe ihn zum Hof hinausgehen sehen.«

»Ich werde mit ihm reden.«

Aber wo ist Martin? Spurlos verschwunden scheint er zu sein. Er kommt nicht zum Essen heim, auch am Nachmittag bleibt er unauffindbar. Erst gegen Abend findet ihn der Roßkogler hoch droben am Fuße des Messnerberges wie leblos im warmen Gras liegen.

Ein Stein fällt ihm vom Herzen, als er ihn so liegen sieht. Jetzt spürt er erst so richtig, wie sehr er sich den ganzen Nachmittag um den Jungen geängstigt hat.

Ruhig geht Martins Atem. An seinen Wangen sieht man die eingetrockneten Tränenspuren. Der Mund steht ein klein wenig offen, und von seinen Händen liegt eine auf seiner Brust und die andere im Gras.

Es ist ein Abend von feierlicher Schönheit, ohne Wind und Wolken. Ferdinand Pacher schaut einem Bussard nach, der lautlos durch das Abendrot segelt, und denkt dabei an jene Regennacht, als er diesen schlafenden Knaben da durch die Nacht gefahren hat, ohne es zu ahnen.

In diesem Augenblick schlägt Martin die Augen auf, erschrickt ein wenig, als er den Vater neben sich sitzen sieht, und setzt sich auf. Sie sprechen nichts, nur die Hand des Vaters greift hinüber nach der seinen.

Der Bussard ist jetzt wieder da, zieht einen herrlichen Bogen, steht dann fast unbeweglich eine Weile in der Luft, um dann wie ein Steinbrocken herunterzusausen auf seine Beute.

»Hast du das gesehen?«, fragt der Roßkogler.

Martin schweigt, gräbt nur seine Hand tiefer in die des Vaters.

»Genauso ist es heute auch auf dich heruntergesaust, gell?«

»Ach, Vater«, sagt Martin schließlich. »Ich werd nicht fertig damit. Ich halte das nicht aus.«

»Was hältst du nicht aus, Bub?«

»Dass du – dass du nicht mein Vater sein sollst.«

»Bin ich es denn nicht immer gewesen für dich, ein Vater?«

»Doch, natürlich. Besser hätte kein Mensch zu mir sein können als du und die Mutter. Und jetzt soll alles nicht wahr sein? Ich war doch immer so stolz auf dich, Vater.«

Diese Anerkennung aus dem Mund des Buben tut dem Pacher ungemein wohl.

»Und bist du es jetzt nicht mehr?«

»Doch schon ... aber es ist nicht mehr dasselbe ...«

»Das stimmt doch gar nicht. Weißt du, warum du Pacher heißt, obwohl du nicht als unser Kind auf die Welt gekommen bist? Weil die Mutter und ich damals beschlossen haben, dass wir dich großziehen würden, als ob du unser eigenes Kind wärst. Und deshalb haben wir dich adoptiert. Das muss sogar ein Notar beurkunden, damit alles seine Ordnung hat. Damit bist du vor dem Gesetz unser Kind. Niemand kann dich uns wegnehmen, und niemand kann behaupten, dass du nicht zu uns gehörst.«

Martin nickt, das hat er verstanden. Er will noch etwas fragen, doch er weiß nicht recht, wie er es anfangen soll. Nach einigem Herumdrucksen platzt er schließlich heraus: »Warum habt ihr mich denn gewollt, wo doch ... meine richtige Mutter mich nicht einmal haben wollte?«

»Du sollst nicht schlecht denken von deinen wirklichen Eltern, Bub. Für arme Leute war damals eine schwere Zeit. Es war ja erst zwei Jahre nach dem Krieg. Sicher wussten deine Mutter und dein Vater nicht, wie sie für dein täglich Brot sorgen sollten. Schau, sie haben dich in meinen Wagen gelegt, weil sie gehofft haben, dass wir gut für dich sorgen würden. Und das haben wir doch auch getan, meinst du nicht?«

Er wartet, ob Martin etwas dazu sagen will, doch der schweigt. Also schweigt auch Ferdinand Pacher.

»Erzähl mir, Vater«, sagt Martin plötzlich. »Erzähl mir von der Regennacht, in der du mich heimgebracht hast.«

Ferdinand Pacher erzählt wahrheitsgetreu die Geschichte jener Nacht, wie er ihn in seinem Wagen gefunden hat, und als Martin wissen will, was für ein Mensch seine Mutter gewesen ist, berichtet er ihm auch von der schönen Schauspielerin, die die Maria Stuart so ergreifend gespielt hat.

Lange sitzen die beiden so da. Martin erfährt alles, was Ferdinand Pacher von dessen Herkunft weiß. Erst, nachdem es längst dunkel geworden ist, gehen sie langsam wieder den Hang hinunter und treffen am Zaun der Weide die Mutter, die schon voller Unruhe auf sie gewartet hat.

Martin braucht einige Zeit, bis er sich an das gewöhnt hat, was er erfahren hat. Eine Zeit lang geht er sehr still und nachdenklich umher.

Geschichten über elternlose Kinder, ob sie nun im Schullesebuch oder in der Zeitung vorkommen, interessieren ihn einige Zeit lang brennend, und sogar das alte Märchenbuch liest er neuerdings wieder, weil in vielen der Märchen Findelkinder vorkommen, die meist ein besonderes Schicksal haben.

Oft grübelt er auch darüber nach, wie es ihm wohl ergangen wäre, wenn er bei seinen Eltern geblieben und im Wohnwagen der Theatertruppe aufgewachsen wäre.

Die selbstverständliche Liebe und Güte seiner Eltern erscheinen ihm nun, da er weiß, dass er als Kind anderer Leute geboren wurde, als etwas Besonderes, etwas, das vielen anderen Kindern auf der Welt versagt bleibt. Muss er nicht froh sein, dass er solche Eltern hat?

Oh, was ist er doch für ein herrlicher Vater, dieser Roßkogler. Man kann mit allen Fragen zu ihm kommen, er weiß für so viele Dinge die Erklärung, und bei Fragen, in denen es darum geht, was gut oder böse, richtig oder falsch ist, kann Martin seinem Urteil vollkommen vertrauen.

Genauso ist es mit der Mutter. Sie ist so liebevoll und gütig, dass er sich nicht vorstellen kann, jemals eine andere Mutter gehabt zu haben.

Auch für Ursula hat sich nichts geändert, nachdem die Eltern auch ihr und Klemens von Martins Herkunft berichtet hatten.

»Mein Bruder«, sagt sie manchmal in still verhaltener Zärtlichkeit, als möchte sie ihm damit beweisen, dass es für sie nicht zählt, wer Martins Eltern gewesen sind.

Nur einer fühlt einen leisen Triumph über Martins gelüftetes Geheimnis: Klemens. Sein Vater hat ihn in weiser Voraussicht zur Seite genommen und ihm deutlich gemacht, dass er sich ja nicht einbilden solle, dass er jetzt auf Martin herunterschauen könne, deshalb nimmt er sich so weit zusammen, nicht offen zu frohlocken, aber in seinem Innern zischt ihm doch immer eine Stimme zu: ›Ich bin doch hier einmal der Bauer, und du wirst mein Knecht sein ...‹

Im Übrigen werden beide Burschen, seit sie die Schule verlassen haben, in die Arbeit des Hofes mit eingespannt. Als es Winter wird, müssen die beiden mit in den Wald zum Holzfällen, und zu Lichtmess kann auf dem Roßkogl bereits auf einen Knecht verzichtet werden. Die beiden ersetzen ihn nun. Oh, es wird ihnen nichts geschenkt. Sie fahren das gefällte Holz nach Lenggries und kommen immer erst bei Dunkelheit zurück. Der Vater entlohnt sie dann am Sonntag vor dem Kirchgang. Es ist eigentlich kein Knechtslohn, sondern ein Taschengeld, jedem gleich bemessen. Es ist nicht viel, aber Martin hat über sein erstes selbst verdientes Geld eine solche Freude, dass ihm fast die Tränen kommen. Klemens dagegen steckt das Geld mit einem spöttischen Lächeln in die Hosentasche und sagt nachher: »Da hat er sich aber nicht runiniert für uns, mit den paar Mark, der Vater.«

Antonia aber fragt sich, wie es mit den beiden weitergehen soll. Dass Martin für alle Zeiten ein wohlfeiler Knecht auf dem Hof sein sollte, findet sie ungerecht. Eines Abends, als sie bereits im Bett liegen, sagt sie zu ihrem Mann:

»Du, Ferdl, ich will schon seit langem etwas mit dir bereden.«

Der Bauer ist bereits am Einschlafen und dreht sich nun gähnend noch einmal um. »Was denn?«

»Ursprünglich haben wir ja gemeint, dass der Martin nicht für immer auf dem Hof arbeiten, sondern etwas lernen soll.«

Der Bauer blinzelt müde. »Ja, richtig. Das meine ich immer noch, aber ich weiß nicht so recht, was. Hier macht er sich bei der Arbeit ja auch gut, besser als der Klemens.«

Antonia lächelt. »Martin arbeitet wie ein Verrückter, weil er will, dass du stolz auf ihn bist. Aber der Klemens, glaube ich manchmal, denkt, als künftiger Bauer kann er getrost ihm die schwerere und mühsamere Arbeit überlassen. Das ist nicht gut, für alle beide nicht.«

Ferdinand schüttelt unwillig den Kopf. »Das gefällt mir auch nicht, dass Klemens sich über Martin erheben will. Du hast Recht, es wird Zeit, dass der Martin in eine Lehre gegeben wird. Ich muss mich mal umhorchen, was da in Frage kommen könnte.«

»Du müsstest den Martin einmal fragen, was er am liebsten machen will«, schlägt Antonia vor.

»Gut, das mache ich dann morgen. Und jetzt schlafen wir besser.« Er löscht das Licht aus.

Der nächste Tag ist ein Sonntag. Es ist bereits Ende Februar, aber noch immer strenger Winter. Der Schnee liegt hoch, und sie stapfen in dem schmal ausgeschaufelten Weg hintereinander her, auf dem Weg zur Kirche. Klemens weit voraus, dann folgt Ursula. In einigem Abstand geht Martin und hinter ihm der Roßkogler.

»Mach mal langsam, Martin, ich muss dich was fragen«, sagt der Roßkogler, bleibt stehen und zündet sich umständlich seine erloschene Zigarre an. »Hast du vielleicht schon einmal daran gedacht, dass du gern was lernen möchtest? Oder möchtest du vielleicht auf eine höhere Schule gehen? Der Klemens wird irgendwann einmal den Hof übernehmen, deswegen meinen die Mutter und ich, dass wir dir auch eine Grundlage für dein späteres Leben bieten müssen.«

Martin schweigt zunächst. Sie haben jetzt die Straße erreicht, wo der Schneepflug gefahren ist und sie nebeneinander gehen können.

Schließlich bricht Martin sein Schweigen.

»Weißt du, Vater, ich habe mir schon immer gewünscht, Jäger zu werden.«

Das kommt dem Roßkogler so überraschend, dass er auf der Straße stehen bleibt und laut herauslacht. »Also, ich überlege ja schon eine ganze Weile, was du lernen könntest, aber auf das wäre ich nicht gekommen. Jäger willst du werden? Warum hast du denn nie etwas davon gesagt?«

»Ich habe immer gedacht, ich soll auf dem Hof bleiben und mitarbeiten, Vater.«

Auf dem Kirchturm läutet es jetzt zum letzten Mal, und der Roßkogler setzt die Schritte so weit, dass Martin Mühe hat, an seiner Seite zu bleiben.

»Dann werde ich einmal mit dem Förster reden«, meint der Roßkogler nach einer Weile. »Wenn du daran deine Freude hättest, dann will ich dafür sorgen, dass du Jäger werden kannst.«

Da sind sie auch schon bei der Kirche angelangt, aus deren halbgeöffneten Türen brausend die Orgelklänge ertönen.

6

Fünf Jahre später. Es ist ein heißer Augusttag. Aus einem wolkenlosen Himmel brennt die Sonne unbarmherzig nieder auf Mensch und Tier. Die Kühe auf den Almen haben sich deshalb in den Schatten der Bäume zurückgezogen, und ihre Glocken bimmeln harmonisch durch die Mittagsstille.

In Gedanken versunken eilt der Jäger Martin Pacher talwärts. Er freut sich auf die beiden freien Tage nach dem anstrengenden Bergdienst. Freilich ist es ja nicht so, dass er sich nun zwei Tage lang in den Schatten hinter dem Haus oder unter die Ahorngruppe legen wird, um zu faulenzen. Sie werden jetzt alle Hände voll zu tun haben auf dem Hof, und außerdem hat der Vater immer etwas parat für ihn, Schreibarbeiten, die sich angesammelt haben und erledigt werden müssen. Er hat nicht nur eine saubere, gestochene Handschrift, sondern auch einen guten Satzbau, sodass ihm der Vater jede Eingabe ans Finanzamt oder an den Landwirtschaftsverband gerne überlässt.

Immerhin, solche Schreibarbeiten fallen ihm leicht, er findet sie geradezu erholsam. Der Bergdienst ist sehr anstrengend. Seine nackten Knie sind mit Narben bedeckt, ein Zeichen dafür, dass er sich im Fels nicht schont. Wie soll man sich auch schonen, wenn es immer wieder einmal im Revier kracht, ohne dass man eine Spur von dem Schützen entdecken kann! Erst gestern Abend ist es wieder passiert. Aber der Schuss war so weit weg gefallen, dass alle Mühe, dem Hall nachzugehen, vergebens gewesen wäre, zumal dann schnell die Nacht hereinfiel.

Martin kommt aus dem Wald heraus auf eine kleine, mit Moos bewachsene Lichtung. Heiß liegt die Sonne über dem grünen Teppich, und dort drüben steht eine flirrende Fliegensäule. Schon will er weitergehen, aber dieser tanzende Schwarm fesselt ihn doch irgendwie. Als er dann hingeht, sieht er, dass es sich um die Eingeweide eines Rehbocks handelt, auf denen sich dicke, fette Fleischfliegen niedergelassen haben.

Er unterdrückt einen Fluch und sagt: »Hier war es also.« Hat der Lump vielleicht gewusst, dass er um diese Zeit in der Jagdhütte war, weit weg von dieser Stelle?

Plötzlich hört er ein Geräusch und reißt blitzschnell das Gewehr herunter. Unter den Bäumen taucht das bärtige Gesicht des ersten Jägers, des Florian Grassl, auf. Seine weißen Zähne blitzen in dem braun gebrannten Gesicht.

»Sei so gut und lass mich am Leben«, lacht er. Dann senkt sich sein Kopf wieder zu Boden.

»Schau mal her, Martin.«

Martin beugt sich nieder und sieht nun auch deutlich die Fußspur im weichen Boden. »Na so was!«, entfährt es ihm, und er beugt sich noch weiter hinunter. »Große Füße sind das ja nicht.«

»Das wäre die eine Feststellung. Fällt dir sonst nichts auf?«

»Dass es ungenagelte Schuhe sind.«

»Ja, richtig. Und dass auf einem Absatz das Eisen fehlt. Hier, da sieht man es ganz deutlich. Weiter drunten aber, da war das Eisen noch dran. Also muss er es auf der kurzen Strecke zwischen der Hartmannquelle und hier verloren haben.«

»Ein Anhaltspunkt, der uns im Augenblick leider nichts hilft«, sagt Martin. »In der Lichtung liegen Eingeweide eines Rehbocks.«

»Weiß ich schon«, antwortet Florian Grassl. »Der Förster hat sie auch schon gesehen. Gibt es sonst was Neues im Revier?«

»Nichts von Bedeutung. Und bei dir?«

»Auch nichts. Aber wenn du am Mittwoch ins andere Revier gehst, dann schau doch, ob ich auf der Kochleralm meine Pfeife liegen gelassen habe.«

»Gut, mach ich! Servus, Flori.«

»Servus, Martin.«

Martin geht weiter talwärts und betritt nach einer guten halben Stunde das Forsthaus.

Förster Lechberger sitzt mit seiner Frau im Gartenhäuschen und trinkt Kaffee. Martin bleibt stehen und nimmt Haltung an.

»Vom Dienstgang zurück. Ohne besondere Vorkommnisse.«

Der Förster hebt das Gesicht.

»Ohne besondere Vorkommnisse?«

»Das heißt – in der Lichtung droben, oberhalb Fuchseneck –«

»Ja, ich weiß. Das sagst du mir später drinnen. Willst du erst auch einen Kaffee?«

Kurz darauf sitzen sie sich im Dienstzimmer gegenüber. Der Förster hat sich eine Zigarre angezündet, bläst den Rauch gegen die Decke und schaut dann plötzlich den jungen Jäger an.

»Du hast die Eingeweide also auch gefunden? Wo warst du gestern Abend, als der Schuss fiel?«

»Zwischen der Staffelalm und dem Hirschhörnl.«

»Entschieden zu weit weg, und ich mache dir deswegen auch keinen Vorwurf, Pacher. Aber nun was anderes. Mir ist aufgefallen, dass in letzter Zeit immer ausgerechnet in dem Revier gewildert wird, in dem du Dienst machst. Vor drei Wochen am Langenecksattel und gestern oberhalb des Fuchsenecks. Der Lump muss genau wissen, wo du dich gerade aufhältst.«

Martin ist feuerrot geworden. Der Förster will ihm keinen Vorwurf machen, hat er gesagt, aber es klingt doch fast so.

»Ich habe – ich will –«

»Du brauchst nach keiner Ausrede zu suchen, Pacher. Ich weiß, dass du gewissenhaft deinen Dienst versiehst. Es ist mir nur aufgefallen, es kann sein, dass es reiner Zufall ist. Mach dir zunächst keine großen Sorgen. Ruhe dich einmal zwei Tage ordentlich aus, und melde dich ab, bevor du Mittwoch früh ins Dreier-Revier weggehst.«

Der Weg vom Forsthaus nach Roßkogl führt am Gasthaus »Zur Post« vorbei. Der schattige Garten ist voller Gäste, Einheimische und solche, die zur Erholung hergekommen sind. Martin überlegt einen Augenblick, ob er sich nicht auch eine Halbe kaufen soll, seine Kehle ist von der Hitze wie ausgetrocknet. Aber irgendwie ist er durch die Worte des Försters niedergeschlagen, er mag jetzt nicht unter Menschen sein, zumal er die grölende Stimme des Klemens heraushört. So macht er einen Bogen um den Wirtsgarten und geht den schmalen Fußweg hinter dem Kirchenberg auf den Roßkogl zu.

Beim Fischer sitzt die ganze Familie einträchtig auf der Hausbank. Alle Monate einmal kommen sie an einem Sonntag zusammen.

Die Kinder sind ja nun auch schon groß und in alle Welt verstreut, bis auf Simon, den Ältesten, der, wie früher sein Vater, als Holzfäller in den Wald geht.

»Ah, der Martin«, ruft der Fischer ihn an. »Setz dich doch ein bisschen zu uns, oder hast du es eilig?«

Es ist lange her, dass Martin die Fischers alle beisammen gesehen hat. Die Evi, die in Lenggries bei einem Bauern bedienstet ist, ist inzwischen zu einem verflixt hübschen Frauenzimmer herangewachsen. Und er staunt noch mehr, wie vornehm die Klara geworden ist, die in Tölz bei einem reichen Fabrikanten in dessen Haushalt arbeitet. Ist es nicht schon eine Ewigkeit her, dass man zusammen zur Schule gegangen ist? Wie bereitwillig die beiden Mädchen auseinander rücken, damit er zwischen ihnen Platz hat, und sofort ist der Ton von früher wieder da. Es ist eine lockere, fröhliche Unterhaltung, bis der Simon in etwas spöttischem Ton fragt: »Na, schon viele Wilddiebe gefangen, Martin?«

Sofort wird Martins Gesicht ernst. »Was noch nicht ist, wird sicher noch werden«, antwortet er. »Soll sich nur keiner einbilden, dass er auf die Dauer davonkommt.«

»Ich glaube, dass nichts Gutes bei dem herauskommt, was du da oben machst«, meint der Simon weniger spöttisch als vorhin.

»Ich tu' meine Pflicht, weiter nichts«, sagt Martin und steht auf.

Als er den kurzen Weg zum Roßkoglhof zurücklegt, steht die Sonne schon über den westlichen Bergen, und der Himmel färbt sich rot.

Das Abendrot ist erloschen, und die Dämmerung steigt langsam aus dem Tal. Martin sitzt auf der Bank unter der Ahorngruppe. Er ist tief in Gedanken versunken, und diese Gedanken kreisen um Ursula, seine Adoptivschwester. Ursula ist, unversehens und fast über Nacht, von einem Kind zu einer jungen Frau geworden.

Als er heute nach Hause gekommen ist, war es ihm, als sehe er sie zum ersten Mal. Wie schön sie doch ist, und wie reizend sie lächelt. Dieses Aufleuchten heute in ihren Augen, als sie ihn begrüßt hat ... Ist das früher schon so gewesen? Nein, nein, das hätte er doch wohl merken müssen. Oder?

Als er ihre Hand, länger als üblich, in der seinen gehalten hat, ist Ursula plötzlich verlegen und rot geworden, hat ihre Hand schnell aus der seinen gezogen und sich abgewendet.

Seither kann er nicht aufhören, an sie zu denken.

Es huschen Fledermäuse vorüber, irgendwo schreit ein Nachtvogel, und manchmal geht ein leises Rascheln durch die Blätter der Bäume.

Auf einmal ist es Martin, als spüre er den Atem eines Menschen hinter sich. Er denkt an Ursula, und es ist, als ob sein Herz einen Schlag lang aussetzte. Dann wendet er langsam den Kopf. Es ist der Vater, der hinter ihm steht und nun neben ihm Platz nimmt.

Umständlich zündet er sich seine Pfeife an. Im Aufflammen des Streichholzes sieht Martin, wie grau die Haare des Vaters geworden sind. Noch nie hat er das so bemerkt wie in diesem Augenblick. Versonnen bläst der Roßkogler den Rauch in die Dunkelheit. Dann sagt er: »So grundverschieden seid ihr zwei Buben geraten. Du sitzt hier und träumst, der andere sitzt drunten im Wirtshaus und säuft.«

Martin antwortet nicht. Er vermeidet es überhaupt am liebsten, über den Klemens etwas zu sagen, weil es ihm immer scheint, das würde so aussehen, als wolle er sich selbst in ein besseres Licht rücken.

Da spricht der Alte schon weiter: »Andererseits sollte man es ihnen gönnen, den jungen Leuten, dass sie lustig sind und ein bisschen über den Durst trinken. Wer weiß, was die nächste Zeit für euch noch alles bringen wird.«

»Wie meinst du das, Vater?«

»Ich mache mir Sorgen, was passiert, wenn das so weiter geht mit Polen. Das ist sicher das nächste Land, das unsere hohen Herren einkassieren wollen. Aber es kann einer nicht dauernd Länder stehlen, ohne dass die anderen einmal die Krallen zeigen.«

»Ach, das meinst du?«, lacht Martin in seinem jugendlichen Unverstand. »Aber die sind doch alle freiwillig zu uns gekommen. Zuerst die Österreicher, dann die Sudetendeutschen ...«

»Und dann war es aus mit freiwillig«, unterbrach ihn der Alte. »Die Tschechen sind schon mit Gewalt kassiert worden, und weil das Kassieren so leicht war, wollen sie es jetzt mit Polen genauso machen. Aber diesmal machen sie die Rechnung ohne den Wirt, glaube ich.«

Der Nachtvogel ruft wieder, und das Motorengebrumm eines Autos steigt drohend von der Straße herauf. Die Scheinwerfer des Wagens leuchten hell in den Fichtenwald hinein, der die Straße säumt.

»Ich weiß nicht, Vater, ob du nicht zu schwarz siehst«, meint Martin nach einer Weile.

Der Alte schüttelt den Kopf.

»Ich sehe genau, was kommen wird, weil ich meine Augen offen gehalten habe, schon seit langem. Das nimmt kein gutes Ende, du wirst es schon noch erleben.«

Er sagt noch etwas, das Martin nicht versteht, weil der Vater sich erhoben hat und sich nun zum Gehen wendet.

Zwischen dem fernen Rautbergkopf und dem Zwölferköpfl saust einer flammenden Rute gleich eine Sternschnuppe nieder und erlischt im schattendunklen Abgrund.

»Ursula«, flüstert Martin, und damit sind seine Gedanken wieder bei dem Mädchen. Des Vaters Worte sind schon vergessen.

Vom Kirchturm herauf hört er die zehnte Stunde schlagen. Die Mondsichel ist im Westen verschwunden. Ein warmer Wind weht von den Bergen nieder, und manchmal klingen vom Dorf herauf die grölenden Stimmen von Angetrunkenen. Herb liegt der Geruch von frisch gemähtem Gras in der Luft.

Martin geht zum Haus zurück. Da, beim Pflanzgartenzaun, dort, wo die hohen Sonnenblumen stehen, hat sich da nicht etwas bewegt?

»Ursula ...«, haucht sein Mund in die Nacht hinein.

Aber das Mädchen rührt sich nicht. Sie bleibt stehen, und ihr Gesicht leuchtet matt im Sternenlicht zwischen zwei Sonnenblumen. Ihr Herz schlägt genauso schnell wie das seine.

Jetzt steht er vor ihr.

»Du brauchst dich gar nicht zu wundern«, sagt sie schließlich. »Nein, kein bisschen zu wundern brauchst du dich, dass ich da stehe.«

»Ich wundere mich nicht«, antwortet er mit einer Sicherheit, die er selber nicht begreift.

»Ja, dann ist es schon recht.«

»Ich freue mich, dass du hier bist, Ursula.«

»Ich wäre schon zu dir auf die Bank gekommen, aber ich hab' den Vater reden hören.«

Seine Hände langen an ihr vorbei nach den Zaunlatten, sodass sie wie gefangen vor ihm steht. Sie schlägt vor seinem fragenden Blick die Augen nieder und spielt mit ihren Fingern verlegen an dem aufgestickten Eichenlaub auf seinem Jackenkragen herum. »Und ... warum freut es dich, Martin?«

»Weil – weil – ach du, ich weiß es ja selber nicht, was das ist mit mir.«

»Ja schau, dann geht es dir genau wie mir«, sagt sie in einer kindlichen Freude. »Ich habe mich auf dein Heimkommen gefreut wie noch nie. Gar nicht erwarten habe ich es können, und als du so lange da drüben beim Fischer gesessen bist, wäre ich am liebsten dort hingelaufen. Ausgerechnet mit der Evi hast du herumgeturtelt!«

»Wir haben aber ganz belanglose Sachen geredet, Ursula. Von früher, weißt du.«

»Ach, von früher«, sagt sie, und ihre Hand spielt immer noch verlegen mit dem Eichenlaub.

Seine Hände lassen die Zaunlatten los und legen sich um ihre Hüften. Und plötzlich schmiegt sich seine Wange in ihr Haar.

»Ach, Ursula –«

»Was denn, Martin? Komm, sag es schnell, was du jetzt denkst.«

»Ich hab dich lieb, Ursula.«

Ein leises, glückliches Lachen.

»Ich dich schon lang«, flüstert sie. Dann legt sie ihre Arme um seinen Hals. »Du hast es nur nicht merken wollen, dummer Kerl, du.«

Dann schließt sie wieder die Augen. In seine Arme geschmiegt, kommt ihr zu Bewusstsein, dass diese Stunde nun ein Tor in ihrem Leben aufgestoßen hat. Was wird hinter diesem Tor sein?

Aber noch ehe Martin es erfassen kann, ist sie unter seinen Armen weggehuscht und eilt ins Haus.

Seit er aus der Forstschule zurückgekommen ist und seinen Dienst als Jagdgehilfe macht, hat Martin sein eigenes Zimmer. Es liegt am Ende des breiten Flurs neben der großen Gästekammer, die nur selten einmal benützt wird, wenn Besuch kommt.

Heute kann er lange keinen rechten Schlaf finden. Immer wieder muss er an die Begegnung mit Ursula unter den Sonnenblumen denken. Die Hände hinter dem Kopf verschränkt, liegt er da und starrt gegen die Decke hinauf.

Es ist aber auch zu merkwürdig. Siebzehn Jahre hat er nun neben Ursula dahingelebt und nie etwas anderes in ihr gesehen als eine Schwester. Selbst dann noch, als ihn wie ein Blitz aus heiterem Himmel die Nachricht getroffen hat, dass er nicht des Roßkoglers Sohn ist. Zu Klemens hat sich dann allmählich das Verhältnis geändert. Nur nach außen hin zeigen sie sich als Brüder. »Mein Bruder, der Herr Jäger«, sagt Klemens zum Beispiel, wenn er mit anderen über Martin spricht. Oder es sagt Martin, wenn von Klemens die Rede ist: »Mein Bruder, der zukünftige Roßkogler.« Doch innerlich sind sie sich fremd geworden.

Im Verhältnis zu Ursula aber hat sich gar nichts geändert. Immer hat sie in seinem Herzen als die kleine Schwester weitergelebt, kein Schatten ist auf dieses Bild gefallen.

Plötzlich hört er einen Schritt draußen vor der Tür und hält beklommen den Atem an. Sollte es etwa Ursula sein?

Leise wird die Türklinke niedergedrückt, dann schiebt sich Klemens herein. In seinem Gesicht ist fröhliche Heiterkeit. Den Hut hat er aus der Stirn gerückt, der Hemdkragen steht weit offen.

»Ich habe noch Licht bei dir gesehen, da habe ich mir gedacht, ich schau nach, ob du vielleicht vergessen hast, es auszumachen«, sagt er.

Aus seinem Atem schlägt Biergeruch, sein Blick ist ein wenig verschwommen.

»Ich war noch wach«, antwortet Martin und richtet sich auf den einen Ellbogen auf. »Du hast ein bisschen zu viel erwischt heute, oder?«

»Zu viel? Ach wo! Acht Halbe Bier waren es nur. Ich vertrag' schon was, und bis man über den Berg zu uns heraufgelaufen ist, verdampft schon wieder viel.«

Klemens zündet sich eine Zigarette an und stellt sich ans Fenster.

»Übrigens«, sagt er dann, ohne sich umzuwenden, »komme ich jetzt nicht vom Wirtshaus, sondern von einem Stelldichein.«

»Ja?«, fragt Martin, ohne wissen zu wollen, bei wem er war. Klemens aber gehört zu jener Sorte von Burschen, die gerne mit ihren Erlebnissen prahlen wollen. Er dreht sich jetzt um, setzt sich auf das Fensterbrett und lacht.

»Ja, bei der Staudacher-Marianne war ich gerade, bevor ich heimgekommen bin. Ist aber nicht viel los mit der. Steht immer da und will die Sterne anschauen.«

»Die Staudacher-Marianne? Ist das die, die so lang bei ihrem Bruder in Kochel war?«

»Ja, jetzt ist sie aber wieder daheim. Hat sich sonst eigentlich ganz nett entwickelt. Bloß die oberen Zähne stehen ihr ein bisschen vor, und wenn sie dir einen Kuss gibt, dann meinst du, ein Gockel pickt dich.«

Er muss wieder über seine eigenen Worte lachen.

Martin aber bekommt eine strenge Falte zwischen die Brauen. Es stört ihn, dass der Bruder so von einem Mädchen spricht, das ihm sicher volles Vertrauen geschenkt hat.

»Was ist denn eigentlich mit dir? Hast du denn noch immer kein Mädel?«, fragt Klemens.

Martin spürt, wie ihm eine rote Welle ins Gesicht schießt. »Nein, noch gar nichts«, antwortet er schnell.

Klemens lacht laut auf: »Mir scheint, bei dir müsste ein Mädel ein Geweih aufhaben wie ein Zwölferhirsch oder ein Sechserbock, dass du es der Mühe wert findest, hinzuschauen.«

Das ist so drollig herausgesprudelt, dass auch Martin lachen muss.

Klemens wirft die abgerauchte Zigarette in weitem Bogen zum Fenster hinaus. Er rutscht vom Fensterbrett und gähnt. »Jetzt werde ich mich schlafen legen. Die Nacht dauert sowieso nicht mehr lang. Gute Nacht, Bruderherz.«

»Gute Nacht, Klemens.«

Sein Schritt geht über den Bretterboden zur Tür, dann den Gang entlang zu seiner Kammer. Martin lauscht ihm hinterher und denkt, dass diese Schritte irgendwie anders klingen als sonst. Aber er kommt nicht darauf, woran das liegen könnte, und gleich danach fallen ihm die Augen zu.

Während Ursula in der Küche das Frühstück herrichtet – seit sie so erwachsen ist, kann die Mutter immer etwas länger schlafen –, denkt sie: ›Wenn er jetzt herunterkommt, der Martin, dann werde ich ihm die Hand geben und ihn ganz genau anschauen, ob er das Treffen unter den Sternen noch nicht vergessen hat. Und dann werde ich ihm einen Kuss geben, damit er weiß, dass es mir wirklich Ernst ist.‹

Da öffnet sich die Küchentür, und Martin kommt herein.

»Guten Morgen, Ursula.«

Sie hat gerade die große Kupferpfanne vom Feuer gehoben, hat also keine Hand frei, um ihren Vorsatz durchzuführen. Ihr Gesicht ist flammend rot, das kann der Widerschein des Herdfeuers sein oder auch eine grenzenlose Verlegenheit.

Martin geht an ihr vorbei und setzt sich auf die Bank beim Fenster.

»Ist der Vater schon auf?«, fragt er sie dann.

»Schon längst, du kennst ihn ja.«

»Hast du gut geschlafen, Ursula?«

»Ja, gut habe ich geschlafen«, lächelt sie.

»Ich war noch lange wach und habe nachgedacht – über dich hauptsächlich.«

»Gibt's da viel zu denken?«

»Über dich selber nicht, aber über das, was du gesagt hast.«

»Was habe ich denn gesagt?«

Da steht er auf, geht zu ihr hin und legt seine Hand auf ihre Schulter.

»Ursula, schau mich an. Du hast gesagt, dass du mich lieb hast? Oder war das bloß so eine Laune, weil die Sterne so schön geleuchtet haben?«

Ursula sieht ihn bekümmert an. »Martin, glaubst du wirklich, dass ich dich angelogen habe? Es ist bloß – was soll aus uns werden? Wir sind Bruder und Schwester ...«

Mutlos lässt er seine Hand sinken. »Ja, was soll aus uns werden?«, spricht er nach.

Es ist eine Weile ganz still. Keiner weiß, was er sagen soll. Das dürre Astholz prasselt im Ofen, und der schwarz gescheckte Kater streicht schnurrend um Martins Beine.

»Aber eigentlich sind wir ja gar keine richtigen Geschwister, auch wenn der Vater gesagt hat, vor dem Gesetz seien wir es schon«, überlegt Ursula laut. »Geboren hat dich eine andere Mutter als mich, und einen anderen Vater hattest du auch. Sicher findet sich irgendeine Lösung. Wir müssen sie nur herausfinden«, sagt Ursula und lächelt über ihre gute Idee. »Und so lange wir sie nicht kennen, brauchen wir ja niemandem etwas zu sagen.«

»Heut nicht und morgen auch noch nicht«, antwortet Martin.

»Aber lange lässt es sich doch sicher nicht verheimlichen – und ich möchte auch keine Heimlichkeiten, vor allem nicht hinter dem Rücken der Eltern.«

»Wie lang bleibst du diesmal fort?«

»Vierzehn Tage, wie immer.«

»Wenn das Wetter schön bleibt, komme ich am Sonntagnachmittag hinauf zu dir. Wo kann ich dich treffen?«

»Wenn ich weiß, dass du kommst, bleibe ich in der Jagdhütte.«

Und dann geht es ganz schnell. Ohne dass einer von beiden wirklich den Anfang gemacht hat, haben sie sich umarmt und küssen sich.

Vielleicht ist es ganz gut so, dass unterdessen die Milch überläuft, denn so kann sich Ursula noch rechtzeitig mit einem leisen Schrei losreißen, bevor der Vater die Küche betritt.

»Jetzt sind alle zwei in der Küche und lassen trotzdem die Milch überlaufen«, sagt der Roßkogler kopfschüttelnd und reißt das Fenster auf.

Die Ursula ist schon draußen. Martin richtet umständlich etwas an seinen Strümpfen. Als er sich aufrichtet, ist sein Gesicht immer noch ein wenig rot.

»Habt ihr viel zu tun draußen, Vater?«, fragt er.

»Ja, ziemlich. Aber du kannst dich trotzdem ein bisschen ausruhen. Ich will nicht, dass du dich in deinen freien Tagen auch noch abrackern musst.«

Martin horcht plötzlich auf. Über den Flur draußen geht Klemens' Schritt. In einem gleichmäßigen Rhythmus gehen seine genagelten Schuhe über das rote Ziegelpflaster. Kein Ton dabei klingt anders als sonst. Aber gestern, vielmehr heute Nacht, als Klemens über den Flur gegangen ist, da war es anders. Wie war das überhaupt? Über was hat er gestern Abend doch gleich nachgedacht, bevor ihm die Augen zugefallen sind?

Wenig später sitzen sie alle gemeinsam in der großen Stube beim Frühstück. Das Radio läuft; es kommen gerade die Frühnachrichten. Alle sind mucksmäuschenstill, weil der Vater diese in letzter Zeit immer ganz genau hören will und sehr zornig wird, wenn jemand dazwischenredet. Von Polen und Danzig ist gerade die Rede. Der Roßkogler hört aufmerksam hin und sagt dann, als die Nachrichten vorbei sind und das Musikprogramm beginnt:

»So lange werden sie weitermachen, bis es kracht.«

»Pah –«, prahlt Klemens. »Die paar Polen da, mit denen würde sogar unsere Jachenauer Feuerwehr fertig werden.«

»Hornochse«, sagt der Roßkogler verächtlich und steht auf. »Was verstehst du schon von der Politik, wenn du nicht einmal von der Landwirtschaft was verstehst!«

Klemens blinzelt mit schief gehaltenem Kopf zum Vater hin.

»So? Ich verstehe nichts von der Landwirtschaft? Was hab' ich denn schon wieder verkehrt gemacht?«

»Ja, schau ihn doch an, deinen Weizenacker drunten, wie grasgrün er noch dasteht, jetzt, wo er reif werden sollte, der Weizen. Was man auf der Landwirtschaftsschule lernt, ist für uns in der Jachenau eben noch lange nicht das Richtige. Bei uns wird einfach kein Getreide reif, weil der Winter zu lang dauert. Aber nein, deinen Dickschädel hast du durchsetzen müssen, und wer kann den Spott einstecken? Ich natürlich. Hätte ich dir nur nicht nachgegeben.«

Darauf antwortet Klemens lieber nicht. Wegen dieses Weizenackers hat er schon Sticheleien genug einstecken müssen. Aber er hat ja seinen Kopf durchsetzen, hat der Natur trotzen, seinem Vater beweisen wollen, dass es sich auszahlt, neue Ideen zu haben.

Am Anfang ist der Weizen ganz schön aufgegangen. Aber dann ist mehr als hundert Tage der Schnee darauf gelegen, und die Saat ist erstickt. Was jetzt dort unten neben der Straße wuchert, ist gerade recht für eine Streu.

Der Alte steht nun beim Radio und schaltet es aus. »Jetzt bin ich bloß neugierig, was das noch wird.« Er dreht sich um und schaut die Buben an. »Vielleicht müsst ihr bald einrücken.«

»Mich erwischen sie nicht«, sagt Klemens schnell. »Erstens muss ich für die Landwirtschaft abgestellt werden, und zweitens hab' ich einen Herzfehler.«

»Merkwürdig, dass dir beim Saufen nichts am Herzen fehlt«, sagt der Vater. »Gestern, glaube ich, hast du dich wieder ganz schön vollllaufen lassen.«

»Halb so schlimm. Ich bin kurz vor zwölf Uhr schon daheim gewesen.«

»Ja – und um zwei Uhr mittags hast du angefangen. Ist das nicht lang genug? Aber bilde dir nur nicht ein, dass du heute blau machen kannst.

Das Grummet muss rein und wenn's acht Uhr abends wird.«

Alle Mitglieder des Haushalts arbeiten mit. In seiner raschen Art ist Martin allen weit voraus, hebt nur manchmal den Kopf und schaut nach Ursula aus, die an diesem Morgen voller Glück und Heiterkeit ist, als sei alles nur ein Spiel und keine harte Arbeit.

Fühlt Martin, was in dem Mädchen vorgeht? Ja, er fühlt es schon, aber mittendrin packt ihn wieder etwas anderes. Dann ist ein merkwürdiger Rhythmus in seinem Ohr.

Klip, tut es einmal – und dann klup. Klip – klup. Klip – klup ...

Der ungleichmäßige Schritt eines Menschen kann es sein. So, als wenn auf einem Absatz das Eisen fehlt.

Es lässt ihn nicht mehr los, und als sie gegen Mittag heimkommen, geht er in Klemens' Kammer hinauf.

Das Zimmer ist schon aufgeräumt. Er findet Klemens' Feiertagsschuhe nirgends, und es wird wohl so sein, dass die Hausmagd sie mitgenommen hat, um sie zu putzen.

Auf der Bank im Hausflur findet er, was er sucht. Unter einem Dutzend Paar Schuhen, die bereits zur Hälfte geputzt sind, greift er Klemens' Schuhe heraus – und kann nur stumm darauf starren.

Am Absatz des rechten Schuhes fehlt das Eisen. Einen Augenblick steht er starr vor Schrecken, dann schüttelt er den Kopf. Nein, das kann nicht sein. Ein dummer Zufall muss das sein, weiter nichts.

Auf einmal steht Klemens neben ihm. »Was tust denn du mit meinem Schuh?«

Martin wirft ihm einen so durchbohrenden Blick zu, dass Klemens unwillkürlich zur Seite schaut.

»Du hast ein Absatzeisen verloren.«

Klemens nimmt ihm den Schuh aus der Hand. »Ja, wirklich, das hab' ich noch gar nicht gemerkt.«

Martin lässt ihn keine Sekunde aus den Augen. »Wirklich noch nicht?«

Klemens zuckt ungeduldig mit den Schultern. »Was soll denn die saudumme Fragerei?«

Martin ist ganz ruhig jetzt, lächelt unschuldig wie ein Kind.

»Warum schreist du denn so? Ich werde doch noch fragen dürfen? Es könnte ja sein, dass ich so ein Eisen gefunden hätte.«

Klemens zuckt leicht zusammen. »So? Wo denn?«

»Ich habe gesagt, es könnte sein. Noch habe ich's nicht gefunden, aber vielleicht finde ich's noch«, und nach einer kurzen Pause fragt er: »Was für eine Schuhgröße hast du eigentlich?«

»Neununddreißig«, antwortet Klemens in bissigem Ton. »Nicht jeder hat solche Quadratlatschen wie du.«

»Übertreib's nur nicht«, lächelt Martin. »Nummer zweiundvierzig habe ich, und das ist normal für einen Mann.« Wieder macht er eine kurze Kunstpause, um dann fortzufahren: »So eine auffallend kleine Schuhspur hab ich übrigens kürzlich einmal in meinem Revier gesehen.«

Klemens zerrt eine zerquetschte Zigarettenschachtel aus seiner Hosentasche und zündet sich eine Zigarette an. Martin sieht, wie seine Hände dabei zittern.

»Ich bin ja nicht der einzige in der Gegend mit kleinen Füßen.«

»Natürlich. Bloß ist das Auffallende an der Sache, dass bei meiner Spur auch ein Absatzeisen gefehlt hat«, sagt Martin und dreht sich um.

Da fasst ihn Klemens mit einem Griff an der Schulter und zerrt ihn herum. In seinen Augen ist ein Flackern.

»Was willst du denn überhaupt von mir?«

»Ich von dir?« Martin streift mit einem Ruck die Hand des anderen ab. »Gar nichts, warum? Wie kann man denn bloß so aufgeregt sein?«

»Du hast Recht«, lacht Klemens. Es ist ein verzerrtes, künstliches Lachen. »Aber mir ist es vorgekommen, als ob du irgendeinen Verdacht gegen mich hättest.«

»Habe ich einen ausgesprochen?«

»Das nicht, aber so drumherumgeredet. Meinst du vielleicht gar, dass ich wildern gehe? Für so dumm brauchst du mich nicht zu halten. Ich weiß genau, dass ich von dir keine Gnade zu erwarten hätte.«

»Da hast du Recht. Du nicht und kein anderer.«

»Du schießt mich über den Haufen wie eine Katze, was?«

»Wenn es sein muss, jawohl.«

Klemens ist grün vor Wut und sucht nach einer verletzenden Antwort. Es dauert eine Weile, bis er sie findet. Aber dann hat er sie und zischt Martin ins Gesicht: »Ich tu' dir bloß den Gefallen nicht, weißt du. Das könnte dir so passen, dann könntest du dich einmal in den schönen Hof reinsetzen und den Bauern spielen.«

Martin ist so verblüfft, dass er zunächst gar keine Antwort findet. Dann würgt ihn der Ekel, aber ehe er eine passende scharfe Antwort geben kann, kommt die Ursula mit der vollen Suppenschüssel aus der Küche. »Kommt jetzt zum Essen. Martin, mach mir bitte die Stubentür auf.«

Sie haben sieben Fuder Grummet heimgebracht und sitzen müde und ausgelaugt von der Hitze des Tages in der Stube beim Abendessen. Nur einer scheint nicht so müde zu sein: Klemens. Gemütlich schlendert er danach, die kurze Pfeife zwischen den Zähnen, hinter dem Hof die Jährlingsweide hinauf bis zu der kleinen Fichtenschonung, wo der Fischer-Simon bereits auf ihn wartet. Ohne zu grüßen, setzt sich Klemens neben ihn auf den Rasen.

»Stell dir vor«, beginnt er. »Hat der Saukerl heute meine Schuhe in der Hand und schaut sie genau an.«

Simon erschrickt. »Hat er was gemerkt?«

»Ach woher denn. Auf den Busch hat er geklopft, wissen tut er gar nichts. Es ist aber auch zu blöd, dass ich das Eisen verloren habe. Er muss meine Schuhspur entdeckt haben. Was mach ich jetzt bloß?«

»Andere Schuhe anziehen ... größere«, sagt der Simon und lacht. »Am besten wär's, du ziehst vom Martin ein Paar an, wenn du ausgehst.«

Zuerst schaut Klemens etwas verdutzt, dann lacht auch er und stößt den anderen mit dem Ellbogen in die Rippen.

»Du bist noch raffinierter als ich. Die Idee ist gar nicht schlecht. Wenn der Martin nur nicht so große Füße hätte.«

»Zieh einfach zwei oder drei Paar Socken an, dann passen sie schon.«

»Also so was! Wie gesagt, die Idee ist hervorragend. Hat der Lechner-Karl den Bock abgeholt?«

»Ja, heute früh.«

»Und bezahlt?«

»Bezahlt hat er ihn auch. Da ist dein Geld.«

Der Simon langt in die Hosentasche, nimmt ein paar Banknoten heraus und drückt sie dem Klemens in die Hand. »Wie wir es ausgemacht haben. Zwei Drittel du, eins ich. Wie steht es nächste Woche? Hast du in seinem Revierbuch nachgesehen, wo er Dienst macht?«

»Heute bin ich nicht dazugekommen. Aber wahrscheinlich ist er nächste Woche im Labelsberg-Revier. Braucht der Lechner wieder was?«

»Er sagt, brauchen kann er alles. Er hat schon seine Wirte an der Hand, die immer auf ein Reh warten. Ein Hirsch wäre auch einmal recht, meint er.« Klemens überlegt eine Weile.

»Unterhalb des Latschenkopfs wüsste ich einen. Aber da müssen wir zu zweit sein. Und du hast ja bloß sonntags Zeit. Außerdem müssen wir warten, bis der Mond voll ist.«

Dies aber dauert noch seine Zeit. Die Sichel des zunehmenden Mondes steht tief im Westen unter flimmernden Sternen.

»Nein, so viele Sterne«, sagt Ursula und legt den Kopf weit zurück, als möchte sie anfangen zu zählen.

»Wie das mit uns beiden noch werden mag?«, fragt sie nach einer Weile.

Er schaut über ihren Scheitel hinweg. Träumen ist schön, aber die Wirklichkeit ist es, worauf es ankommt. »Ich weiß nicht, wie ich es anfangen soll, herauszufinden, ob wir jemals heiraten können«, sagt er nach einer Weile. »Aber auch dann, wenn es eine Möglichkeit gibt, bin ich nichts anderes als ein Jäger, und damit nicht gut genug für die Tochter des reichsten Bauern in der Gegend. Für dich werden sie wohl einen Bauern aussuchen, einen der dir etwas zu bieten hat.«

»Weißt du, was ich meine?«, antwortet Ursula nach einigem Nachdenken. »Dass es bloß auf uns zwei allein ankommt. Ich kann mir gar nicht vorstellen, dass ich jemals einen andern gern haben könnte.«

»Das meinst du jetzt, Ursula. Wer weiß, wie es in einem Jahr aussieht.«

»Bei mir nicht anders als jetzt.«

»Ich glaube, bei mir auch nicht.«

»Am liebsten würde ich den Eltern sagen, wie es um uns zwei steht«, sagt sie.

»Nein, Ursula, tu das nicht. Sie wären sicher entsetzt. Und überhaupt, ich muss im Winter noch mal fort auf einen Kurs. Wenn ich dann im Frühjahr zurückkomme, sehen wir weiter. Vielleicht habe ich bis dahin auch herausgefunden, wie man seine Adoptivschwester heiraten kann, wenn man das wirklich will.«

Auf einmal hören sie einen Schritt über den Hof gehen. Unwillkürlich ducken sie sich tiefer in die Sonnenblumen. Die Haustür wird geöffnet und schließt sich wieder.

»Das war dem Schritt nach der Klemens«, sagt Martin.

»Ja, du, jetzt fällt es mir gerade ein, dass ich dich da noch etwas fragen wollte: Hast du heute mittag mit dem Klemens Streit gehabt? Ihr habt euch so giftig angeschaut.«

Ein paar Sekunden überlegt er, ob er ihr den Verdacht mitteilen soll. Aber dann sagt er doch: »Ach, das war nichts von Bedeutung.«

Sie schaut ihn eine Weile prüfend an, dann schlingt sie die Arme wieder um seinen Hals.

Ein Sonntag voll traumhafter Stille. Über der Benediktenwand leuchtet die Sonne, und die beiden jungen Menschen, Ursula und Martin, die hinter der Walchenalm auf dem sonnenbeschienenen Hang liegen, blicken verträumt zum Himmel, wo vereinzelte weiße Wölkchen segeln.

»Weißt du was, Martin«, sagt Ursula, »ich will, dass wir uns nie mehr im Leben trennen müssen.«

Lange erhält sie keine Antwort auf ihre Frage. Ihre Hand tastet zu ihm hinüber, liegt dann auf seiner Wange.

»Warum sagst du nichts, Martin?«

»Was soll ich denn sagen, Ursula? Mir kommt alles wie ein Traum vor.«

Er weiß es selber nicht, warum trotz allen Glückes sein Gemüt so verdüstert ist. Das heißt, eigentlich weiß er es schon: Er hat keine Ahnung, wie es zu bewerkstelligen ist, dass er Ursula heiraten kann.

Aber eigentlich ist es dumm von ihm, sich diesen wunderschönen Tag von solch düsteren Gedanken verderben zu lassen.

Ursula lässt sich aber nicht beirren und spricht voller Zuversicht weiter: »Ich denke, dass der Vater uns am Wolfsbühel oben den Hang geben soll. Dort bauen wir uns ein Haus, nicht groß, aber gemütlich, mit hellgrünen Fensterläden. Und wenn du dann heimkommst aus dem Revier, dann kann ich dich schon von weitem sehen.«

»Ach ja«, sagt er, dreht sich um und stützt sich auf beide Ellbogen. Zwischen seinen Zähnen hat er ein kleines Zweiglein Almrosen stecken. So schaut er auf sie herab, eine lange Zeit.

Plötzlich fällt weiter unten ein Schuss. Rollend geht das Echo über die Berge hin.

Martin springt sofort auf und greift nach seinem Gewehr. Ganz blass ist er geworden. Auch Ursula ist aufgesprungen und schaut voller Angst in sein Gesicht.

»Was ist das, Martin?«

Er greift in seine Tasche, ob er auch Patronen bei sich hat.

»Ach«, sagt er, scheinbar leichthin, »ganz vergessen hab' ich das, dass ich um vier Uhr am Wildstadel drunten hätte sein sollen. Da wartet der Florian, der andere Jäger, auf mich, weißt du. Und weil ich so lang nicht gekommen bin, da hat er jetzt geschossen, um mich daran zu erinnern.«

»Ach so«, lächelt sie erleichtert. »Und ich habe schon gedacht, dass es vielleicht Wilderer sind!«

»Was du immer gleich denkst. Es tut mir Leid, Ursula, aber ich muss mich jetzt beeilen, sonst wird der Florian sich ärgern.« Schnell presst er sie nochmals an sich, dann rennt er davon.

»Soll ich nächsten Sonntag wieder kommen?«, schreit sie ihm nach. Aber er hört schon nichts mehr, rennt über Stock und Stein dahin und verschwindet im Wald. Steine holpern unter seinen jagenden Schritten davon. Seine Nerven sind zum Zerreißen gespannt. Er weiß genau, was auf dem Spiel steht, und er hört den Förster wieder sagen: »Es ist mir aufgefallen, Pacher, dass in letzter Zeit ausgerechnet in dem Revier gewildert wird, in dem du Dienst machst …«

Das will er sich nicht ein zweites Mal sagen lassen. Er muss den Lumpen erwischen, und wenn er selber dabei draufgehen sollte.

Natürlich muss es ein Wilderer sein, der den Schuss abgegeben hat. Das Märchen von der versäumten Verabredung mit Florian hat er Ursula nur erzählt, damit sie keine Angst bekommt.

Nach seiner Meinung ist der Schuss am Wespenkar gefallen. Mit weiten Sprüngen hetzt er den schmalen Karrenweg hinunter, macht einen Bogen um die Lainalm und steht dann eine kurze Weile verschnaufend und unschlüssig. Zur rechten Hand plätschert die Große Laine talwärts. Es führt kein Steg darüber, und so watet er kurz entschlossen hinein. Das eiskalte Wasser geht ihm bis über die Knie, aber drüben ist wieder weicher Grasboden, auf dem er nun dahinstürmt, bis ihn der Jungwald aufnimmt. Erst von da an wird er vorsichtiger und langsamer. Schritt für Schritt, jedes dürre Reis vermeidend, schleicht er jetzt dahin. Seine Augen suchen fieberhaft nach einem Hinweis auf den Wilderer. Seine Hände, um die Büchse verkrampft, sind jetzt ganz ruhig. Die Stelle, wo der Schuss gefallen ist, kann nicht mehr weit sein.

Die Sonne dringt kaum in den dichten Jungwald. Manchmal schreckt ein Vogel auf und schnellt sich trillernd in die Luft. Der Jäger wagt kaum mehr zu atmen, aus Angst, der Wilderer könnte ihn zu früh bemerken.

Hundertmal hat er in der Forstschule gehört, wie man sich in solchen Fällen verhalten soll. Aber alles Gelernte ist plötzlich vergessen, die ungeheuere Spannung drängt alles zurück. Die Wirklichkeit sieht ganz anders aus. Sie ist heimtückisch, voller Gefahren. Der Busch dort kann den Tod bedeuten. Die Lichtung da vorne oder die dicke Buche, die wie ein Fremdling unter den Tannen steht. Martin weiß genau, dass sein Leben jetzt von seiner Aufmerksamkeit abhängen kann.

Anrufen und dann gleich krachen lassen, wenn der andere nicht sofort die Hände hochhebt, prägt er sich ein. Und er ist fest entschlossen, es krachen zu lassen, bevor es bei dem anderen aufblitzt.

Er betritt die Lichtung und fährt unwillkürlich zusammen, obwohl es das ist, was er gesucht hat, das er vor sich sieht. Da drüben, kaum zwanzig Meter entfernt, kniet einer am Boden und hantiert mit einem Messer.

Ist Martin unversehens auf einen Ast getreten, oder hat der Wilddieb ein anderes Geräusch gehört? Er reißt das Gesicht in die Höhe und horcht. Martin sieht, dass sein Gesicht geschwärzt ist. Und doch durchzuckt ihn sofort die Gewissheit.

»Klemens ...«, flüstert er.

Innerlich betet er, dass es nicht Klemens sein möge, obwohl er fühlt, dass es der Bruder ist. Schon die fahrige, hastige Bewegung, mit der er jetzt wieder das Messer ansetzt, zurückreißt und die Eingeweide herausnimmt.

In der Deckung der Bäume schleicht Martin näher, kommt ungesehen auf drei Schritte heran. Lautlos hebt er die Büchse.

»Hände hoch oder es kracht!«

Klatschend wie ein Peitschenhieb ist sein Ruf. Aber es ist doch seine Stimme, vor der Klemens keine Angst zu haben scheint. Langsam steht er auf, ohne die Hände über den Kopf zu heben. Um seinen Mund zuckt ein spöttisches Lächeln.

»Also los, Herr Bruder. Schieß doch! Du hast sowieso nur Dummenglück gehabt. In fünf Minuten hättest du mich nämlich nicht mehr angetroffen.«

»Am liebsten würde ich auch schießen«, sagt Martin.

»Warum tust es dann nicht? Es steht dir ja frei. Niemand kann dir beweisen, dass du nicht in Notwehr gehandelt hast. Schieß doch, dann kannst du Bauer werden auf dem Roßkogl.«

In diesem Augenblick weiß Martin, dass er nicht schießen, dass er überhaupt nichts tun wird. Nicht um Klemens' willen, sondern wegen der Eltern, denen er die Schande ersparen will.

»Du Hund!«, zischt er voll ohnmächtiger Wut. »Du weißt ganz genau, dass mir die Hände gebunden sind. Bedank dich bei den Eltern dafür, dass ich dich nicht zur Polizei bringe.«

Überlegen steht Klemens da, bückt sich nach einem Moosbüschel und säubert sein blutiges Messer.

»Ich weiß schon, warum du mich nicht anzeigst. Weil du Angst hast, du könntest dann den Stein im Brett verlieren, den du bei unseren Eltern hast. Ja, ja, schau mich nur nicht so blöd an.

Meinst du, ich hätte es nie gemerkt? Du warst immer der Liebe, der Brave und Gute. Und ich war der Taugenichts.«

In Martins Augen flammt es auf. »Du bist noch viel mehr als ein Taugenichts. Du bist ein ganz gottvergessener Lump.«

»Warum? Weil ich mir den mistigen Bock geschossen habe? Wem gehört er denn? Dir vielleicht? Dem Vater Staat? Hat der liebe Gott das Wild nicht für jedermann wachsen lassen?«

»Red keinen Blödsinn und schau, dass du verschwindest«, unterbricht ihn Martin wütend. Dann tritt er nahe vor ihn hin. »Du sollst gehen, sonst passiert noch ein Unglück!«

»Gut, geh' ich halt«, lächelt Klemens. »Aber meine Büchse, die kann ich doch mitnehmen?«

Klemens bückt sich und will seine Büchse aufheben. Da reißt Martin ihn hoch und versetzt ihm eine schallende Ohrfeige. Bevor er zur zweiten ausholen kann, hat Klemens sich weggeduckt und ist mit einem Sprung in der Fichtenschonung verschwunden.

Man hört auf dem Weg unten noch eine Weile die jagenden Schritte des Flüchtenden, dann wird es still. Nur im Gezweig pfeift hell und fröhlich eine Amsel.

Martin presst die Lippen zusammen. Was nun? Soll er die Sache auf sich beruhen lassen und keine Meldung machen?

Er denkt kurz darüber nach und schüttelt dann den Kopf. Er wird sich auf gar nichts einlassen; er wird, so wie es sich gehört, seine Meldung beim Förster erstatten, mag daraus nun werden, was will. So vollendet er die Restarbeit an dem geschossenen Bock, packt ihn in seinen Rucksack, nimmt Klemens' Gewehr noch an sich und geht talwärts.

Als er zu Hause ankommt, schickt sich der Vater gerade an, zum Sonntagsbier zu gehen. Die Sonne steht schon über den Zacken der westlichen Berge und wirft sein Licht wie ein Scheinwerfer über den Hof her.

Ferdinand Pacher steht vor dem Haus, beide Daumen in die Westentäschchen eingehakt. Immer noch ist er eine Ehrfurcht gebietende Erscheinung, wenn auch sein Haar nicht mehr blond, sondern silbern schimmert. Als er Martin daherkommen sieht, mit dem Bock im Rucksack und zwei Gewehren, erfasst er sofort, was los gewesen ist.

»Auweh, hast du einen Wilderer gestellt?«

»Ja, Vater, leider.«

Der Pacher erschrickt sichtlich. »Es ist doch hoffentlich alles gut abgegangen? Oder – liegt einer droben?«

Martin schüttelt den Kopf. »Ich wünschte, dass ich selber droben läge, dann wäre für mich alles leichter.«

»Aber, Martin, was soll denn das dumme Gerede! Hast du ihn erkannt?«

»Ja, Vater.«

»Sag, wer war es?«

»Der Klemens.«

Das Gesicht des Bauern erbleicht für einen Moment. Doch schnell hat er sich wieder in der Gewalt. Nur seine Hände schließen sich zu Fäusten.

»Martin, sag, dass das nicht wahr ist«, sagt er.

»Vater, ich habe dich nie angelogen. Es ist leider so. Und du darfst von mir nicht verlangen, dass ich die Anzeige unterschlage.«

Der Vater beißt sich auf die Lippen. Dann reibt er sich mit den Knöcheln das Kinn.

»Bist du der Meinung gewesen, dass ich von dir das verlangen würde?«

Sie schauen sich fest in die Augen.

»Nein, Vater«, sagt dann Martin und wendet den Blick schnell ab.

»Warum schaust du jetzt weg?«

»Weil ich mich schäme, Vater – weil ich einen Augenblick geglaubt habe, du wüsstest davon.«

Ein paar Mal zuckt es über die Brauen des Vaters schmerzhaft hin. Dann legt er seine Hand auf Martins Schulter.

»Das will ich nicht gehört haben, Martin. Und jetzt komm, ich will mir den Klemens einmal vorknöpfen. Der sitzt in aller Seelenruhe in der Stube drinnen und macht Brotzeit.«

Unter der Haustür hält der Roßkogler den Martin nochmals zurück.

»Noch was, Martin – erschrick nicht. Heute ist dein Einberufungsbefehl gekommen. Du musst nach Traunstein einrücken, zu den Gebirgsjägern. Morgen schon.«

»Morgen schon?«

»Ja, ich wollte gerade den Michael hinaufschicken zu dir in die Jagdhütte. Vielleicht ist er sogar schon weg. Es gibt Krieg, Martin. Vielleicht morgen schon oder übermorgen.«

Martin zuckt zusammen. »Meinst du wirklich, Vater?«

»Ja, das lässt sich nicht mehr aufhalten. Es heißt zwar, es geht bloß um Polen, aber ich glaube nicht, dass das gutgeht. Jetzt werden sie eingreifen, England und Frankreich, und dann möge Gott uns gnädig sein.«

Klemens sitzt wirklich in der Stube im Herrgottswinkel und macht Brotzeit. Als die beiden eintreten, schiebt er schnell noch ein Stückchen Rauchfleisch in den Mund und blinzelt mit den Augen.

»Du hast ja einen merkwürdig guten Appetit«, sagt der Vater und wirft seinen Hut auf die Bank. »Ein anderer würde sich verstecken vor Scham.«

»Warum?«, fragt Klemens. »Was habe ich denn schon groß verbrochen? Ich hatte eben auch einmal Lust, einen Bock zu schießen.« Er wirft einen Blick auf den Rucksack, den Martin abgestellt hat. »Ah, du hast ihn gleich mitgebracht? Respekt, Bruder, Respekt. Da kann die Mutter gleich eine sauere Rehleber machen, das bringt mal ein bisschen Abwechslung in unsere eintönige Küche.«

Der Vater schaut ihn lange und schweigend an wie einen Menschen, den er noch nie gesehen hat.

»Wenn dir unsere Küche zu eintönig ist, kannst du ja hingehen, wo besser gekocht wird«, sagt er dann, tritt an den Tisch heran und stützt die Fäuste auf die Platte. »Heute ist der Befehl für Martin gekommen, dass er einrücken muss. Schade. Für dich wäre es besser gewesen. Vielleicht hätten sie beim Barras das nachgeholt, was ich bei deiner Erziehung versäumt habe.«

Er hat in normaler Lautstärke zu sprechen begonnen, aber sich mit jedem Wort mehr in Hitze geredet. Die Tür öffnet sich, und die Mutter kommt herein. »Was ist denn los, Vater? Warum schreist du denn so?«

»Komm her, Mutter, und schau dir den da an, den Klemens. Gestohlen hat er, oder sagen wir mal, gewildert. Das klingt nicht ganz so krass.«

»Maria und Josef«, klagt Antonia und schlägt die Hände zusammen. »Musst du uns denn immer nur Kummer machen, Klemens?«

Da springt Klemens auf, sein Gesicht ist verzerrt, die Augen funkeln.

»Macht doch nicht so ein Geschrei wegen dem lausigen Bock. Ich weiß schon, mich habt ihr nie so gern gehabt wie den hergelaufenen Bastard da! Er war immer der Liebe und der Brave, und bei mir –«

Weiter kommt er nicht mehr. Der Roßkogler hat ihn an der Brust gefasst und schleudert ihn dröhnend gegen die Vertäfelung.

»Das musst ausgerechnet du sagen! Martin, ich hätte es dir nicht übel genommen, wenn du ihn niedergeschossen hättest. So aber muss ich halt in den saueren Apfel beißen und zusehen, wie sie ihn ein paar Monate einsperren.«

Bleich bis in die Mundwinkel hinein, starrt Klemens den Vater an. »Du wirst doch das nicht zulassen?«

»Da kennst du mich aber schlecht. Wenn du gemeint hast, dass ich dich decke, dann hast du dich getäuscht. Das mit dem ›hergelaufenen Bastard‹ ist nicht bloß eine Beleidigung für den Martin, sondern auch für mich und die Mutter! Wenn es dunkel wird, soll der Martin dich ins Forsthaus hinunterbringen. Und ich gehe selber mit, dass es dir ja nicht einfällt, auszureißen. So, mehr habe ich dir jetzt nicht zu sagen. Und du, Martin, vergiss, wenn es geht, wie er dich genannt hat. Für mich und die Mutter bist du nach wie vor das, was du immer warst: unser Bub.«

Schluchzend ist Antonia auf die Bank gesunken. Der Roßkogler geht hin und nimmt ihr die Hände vom Gesicht.

»Musst nicht weinen, Mutter, wegen dem Klemens. Schuld bin ich selber. Ich hätte ihn härter anfassen müssen, denn Güte kann anscheinend nicht jeder vertragen. Dem dort hätte ich auf alle Fälle öfter ein paar hinter die Löffel geben sollen. Aber auch die Ursula will mir gar nicht recht gefallen in letzter Zeit. Heute ist sie nach dem Mittagessen fortgegangen und seither nicht heimgekommen. Wo strolcht sie denn eigentlich herum? Steckt da vielleicht schon ein Mannsbild dahinter?«

Martin ist bei diesen Worten brennend rot geworden. Hier hätte er nun die Wahrheit sagen müssen. Aber darf er Ursula vorgreifen? Und außerdem, dort im Herrgottswinkel sitzt immer noch der Klemens mit verbissenem Gesicht. Um nichts in der Welt könnte er in Gegenwart des Bruders von seiner Liebe zu Ursula sprechen.

In diesem Augenblick sieht er Ursula auf das Haus zukommen. Ahnungslos betritt sie die Stube und schreckt unwillkürlich zusammen, als sie Martin hier antrifft. Ihr Blick fliegt angstvoll von einem zum andern.

»Wo treibst denn du dich herum den ganzen Nachmittag?«, fragt der Roßkogler mit einem vorwurfsvollen Unterton in der Stimme. »Gib mir Antwort, wo warst du?«

Ihre Augen suchen die Martins. Aber der steht da und schaut zum Fenster hinaus.

»Aha«, sagt der Vater mit bitterem Klang. »Auch so verstockt wie der andere dort. Schau ihn dir an, deinen Bruder Klemens. Gewildert hat er, und der Martin hat ihn gestellt.«

»Das ist – das ist«, stammelt Ursula fassungslos. »Das ist doch nicht wahr, Martin?«

Statt ihr zu antworten, dreht Martin das Gesicht über die Schulter und sagt: »Ich denke, Vater und Mutter, wegen Ursula braucht ihr euch keine Sorgen machen. Sie war auf der Walchenalm droben bei mir.«

Aus seinem Winkel lässt Klemens ein hämisches Lachen hören.

»Da brauchst du gar nicht zu lachen. Es müssen nicht alle so lügen wie du. Und nun mach dich fertig. Jetzt gehen wir hinunter ins Forstamt. Nein, nein«, sagt der Roßkogler zu Martin, der den Rucksack mit dem gewilderten Bock aufnehmen will, »den soll nur der Herr Wilddieb selber tragen.«

Zähneknirschend und widerstrebend nimmt Klemens den Rucksack auf. Er wagt nicht mehr zu mucksen, denn er will nicht noch ein zweites Mal die Hand des Vaters spüren. Der Rücken schmerzt ihn noch immer von dem Wurf gegen die Vertäfelung.

Ja, in dem Vater steckt noch die Kraft eines Dreißigjährigen. Wie er jetzt so zwischen den beiden Buben über den Hof geht, ist auch sein Schritt noch von federnder Kraft. Nur die Schultern neigen sich nach vorne. Es kann aber auch sein, dass die Scham es ist, die ihn den Kopf nicht mehr so aufrecht tragen lässt, wie man es von ihm sonst gewohnt ist.

»Den Sonntag werde ich mein Leben lang nicht vergessen«, sagt Antonia in der Stube drinnen.

»Ich kann es überhaupt noch nicht fassen«, antwortet Ursula.

»Das allein ist noch nicht das Schlimmste. Du weißt es vielleicht noch gar nicht: Der Martin muss morgen früh einrücken, und der Vater meint, es kann nur noch ein paar Tage dauern, bis der Krieg losgeht.«

Mit weit aufgerissenen, entsetzten Augen starrt Ursula die Mutter an.

7

Ferdinand Pacher behält Recht mit seinen düsteren Ahnungen: Nur zwei Tage später fährt es in die schönen Spätsommertage hinein wie ein Sturmwind. Ein einziges Wort, nur fünf Buchstaben: Krieg!

Noch wirkt alles ganz normal. Das Grummet ist eingebracht, und in den Apfelgärten fallen die reifen Früchte klatschend ins warme Septembergras. Erst als es Nacht wird, bekommt das Tal ein anderes Gesicht als sonst. Es glüht kein Lichtschein mehr auf in den Häusern des Dorfes und in den Höfen an den Berghängen. Tiefes Dunkel überall. Die Fensterläden sind geschlossen.

Dunkel und Stille. Von den Bergen weht ein leiser Wind, und zuweilen hört man auf der Straße eilige Schritte und den Motorenlärm abgedunkelter Autos.

Am nächsten Morgen werden im Dorf die Pferde gemustert. Der Roßkogler muss gleich drei abgeben. Drei Pferde und zwei gummibereifte Wagen. Er nimmt die Anordnung der Musterungskommission ohne Wimpernzucken hin, weil er weiß, dass es sinnlos wäre, Widerstand zu leisten.

Mit gerunzelten Brauen stehen auch die anderen Bauern da. Dem Bachstelzer laufen die Tränen über die gefurchten Wangen, als man ihm sein Pferd wegführt.

»Drei Buben und ein Pferd«, schluchzt er.

»Reg dich nicht auf«, sagt einer von Lenggries, der bei der Musterungskommission ist. »Bis Weihnachten ist der ganze Zauber vorbei, und du hast deine Buben wieder und dein Pferd auch.«

»Meinst du wirklich?«, fragt der Bachstelzer voll kindlichen Vertrauens.

»Ja, freilich, da kannst du sicher sein.«

»Schwätzer, vernagelter«, sagt der Roßkogler ziemlich laut, und niemand widerspricht ihm.

Wieder spürt er ein schmerzhaftes Ziehen in sich wie vor zwei Tagen, als der Martin von ihm Abschied genommen hat. Er ist sich sicher, der Krieg wird zu Weihnachten noch lange nicht zu Ende sein. Und er wird auch den Klemens auf die Dauer nicht halten können. Dann steht er alleine da, und das in seinem Alter.

Als er dann langsam den Hügel hinansteigt, sind seine Gedanken wieder beim Martin, und er denkt an jene Regennacht, als er ihn heimgebracht hat. Wo sind nur die Zeiten hingekommen? Mylord, der ihn so oft durch die tollen Nächte gefahren hat, ist längst nicht mehr.

So mancher aus jener Zeit, der damals mit ihm gezecht hat, ist schon gestorben. Er selbst geht auf die Jahre zu, in denen man sich zur Ruhe setzen sollte, um seine letzten Jahre noch genießen zu können. Und doch wird es ihm nichts helfen. Er muss noch einmal zurückgehen, muss sich wieder einreihen, und es wird eine schwere Last sein, die auf seinen Schultern zu liegen kommt. Gestern haben auch zwei seiner Knechte, der Michael und der Jörg, den Einberufungsbefehl erhalten. Beim Fischer sind der Simon und der Hannes eingezogen worden. Überall wird jetzt Not an Arbeitskräften sein, und überall werden die Alten wieder in die Lücken treten müssen.

Ferdinand Pacher hat den letzten Krieg selber mitgemacht und weiß, was das bedeutet. Selten ist ihm so elend zumute gewesen wie bei diesem Gang nach Roßkogl. Oft bleibt er stehen und schaut hinunter ins Dorf, wo in der Sonne das Kreuz des Kirchturms flimmert. Und als er daheim ankommt, setzt er sich zu Antonia in die Küche und fragt sie, was sie vom Krieg halte.

Alle Frauen hassen den Krieg, besonders wenn sie Mütter von Söhnen sind. Martin ist nicht ihr leiblicher Sohn, aber Antonia hat vor seinem Fortgehen geweint wie alle anderen Mütter auch.

Allein was hilft alles Grübeln! Das Leben geht weiter. Klemens fährt seinen »verunglückten Weizen« heim, der gerade als Streu gut genug ist. Der Vater macht ihm keinen Vorwurf mehr daraus.

Klemens ist nun stiller geworden. Die heimliche Angst, dass man auch ihn rufen könne, macht ihn schweigsam. Jeden Tag, wenn der Postbote gegen elf Uhr den Hügel heraufkommt, erfasst ihn eine furchtsame Erwartung, ob für ihn nicht auch dieser verhängnisvolle Brief dabei ist.

Er weiß nicht, dass er vorerst unabkömmlich gestellt ist. Der Roßkogler weiß es zwar, aber er sagt ihm nichts davon. Soll Klemens nur auch einmal ein bisschen zittern! Vorerst scheint es überhaupt so zu sein, als brauche man niemanden mehr zusätzlich einzuziehen. Die Siegesnachrichten überschlagen sich förmlich, und vielleicht, denkt Klemens nun, ist es wirklich so, dass Weihnachten alles vorbei ist wie ein böser Spuk.

Arbeit gibt es reichlich. Ende September kommt das Vieh von der Alm heim, die Streuwiesen müssen gemäht werden, und die Auflage für den Holzeinschlag ist auch schon gekommen. Es ist ja jetzt nicht mehr so, dass man schlagen kann, was man will, sondern das wird von oben angeordnet.

In der Fülle dieser Arbeit merkt niemand, dass Ursula immer stiller wird, dass sie oft dasteht und träumend in die Ferne starrt. Sie wartet, wie Klemens, mit kläglicher Angst, mit brennender Ungeduld jeden Tag auf den Postboten. Aber Martin schreibt ihr nicht. Nur ein paar Karten erhalten die Eltern: dass es ihm gut gehe. Zum Schluss stand dann jedes Mal: »Grüße auch an alle anderen.«

Zu allen anderen rechnet er wahrscheinlich auch sie. Und das tut so weh. Aber der Stolz verbietet ihr, von sich aus an ihn zu schreiben. Und so grämt sie sich halt in aller Stille bis zu dem Tag, da die Mutter sie in der Küche weinend antrifft.

Zuerst erschrickt Antonia, aber dann lächelt sie, weil sie meint, zu wissen, was das junge Herz bedrückt. Verliebt wird sie sein, und der erste Kummer hat sich eingestellt.

»Was hast du denn, Ursula?«

Ursula will die Tränen tapfer hinunterschlucken. Aber dann kommt sie erst recht ins Schluchzen.

»Na komm, Kind, was ist denn passiert?« Sie legt ihren Arm um die Schulter des Mädchens und streicht ihr übers Haar.

»Ich halte es nicht mehr aus, Mutter.«

»Was ist es denn, das du nicht mehr aushalten kannst? Mir kannst du es sagen, Ursula. Ich glaube, ich verstehe dich schon.«

»Dass er mir nicht schreibt«, schluchzt Ursula.

»Also doch verliebt«, sagt Antonia, geht zum Herd und legt ein paar Scheite nach. »Wer ist es denn?«

»Ach, Mutter, unser – unser Martin ist es.«

Der eiserne Schürhaken entgleitet den Händen der Mutter. In ihrem Gesicht spiegelt sich grenzenloses Staunen. Dann zeigen sich Unmutsfalten auf ihrer Stirne. Der Gedanke, dass die beiden hinter ihrem Rücken schon weiß Gott wie lange ein Liebespaar sind, lässt sie in Anbetracht von Ursulas Alter tief erschrecken.

»Der Martin?«, fragt sie. »Dein Bruder Martin?«

Ursula reißt den Kopf in die Höhe. »Er ist nicht mein Bruder, Mutter!«

Über diese Worte muss Antonia erst kurz nachdenken, bevor sie erwidert: »Dem Blut nach nicht, aber ich – wir haben ihn nie anderes betrachtet als unseren Sohn.«

»Ich kann doch nichts dafür, Mutter. Das ist auf einmal über mich gekommen und –«

»Ja, ja, ich mache dir deswegen auch keinen Vorwurf. Aber – wie lange geht das schon?«

»Noch nicht so lange, Mutter. Ein paar Tage, bevor er ... wegmusste.«

Diese Antwort scheint ihre Mutter etwas zu beruhigen. Man darf nicht gleich das Schlechteste denken, sinniert sie. Es wird halt so eine kleine Liebelei gewesen sein bei den beiden. Martin hat sie sicher längst schon wieder vergessen. Deswegen wird er ihr auch nicht schreiben. Gottseidank! Was sollte denn aus so einer Geschichte werden: Ihr Adoptivsohn mit ihrer Tochter!

Die Ursula hat sich in der Zwischenzeit schon wieder gefasst. Energisch wischt sie mit dem Schürzenzipfel die Tränen fort und sagt: »Und dass du es gleich weißt, Mutter, ich werde nie im Leben einen anderen lieben können.«

»Na, nun übertreib mal nicht«, lächelt die Mutter gütig. »In deinem Alter nimmt man alles zu ernst. Mit deinen sechzehn Jahren –«

»Siebzehn werde ich schon«, unterbricht die Ursula.

»Gut. Aber auch mit siebzehn kann man noch nicht wissen, ob die erste Verliebtheit schon Bestand hat. Das muss sich erst erweisen. Lass erst den Krieg vorübergehen, dann werden wir ja sehen.«

»Dieser verfluchte Krieg«, erbost sich Ursula und rennt hinaus.

Nachdenklich bleibt die Mutter zurück. Zu unerwartet ist das über sie gekommen. Auf jeden anderen hätte sie getippt, nur auf den Martin nicht. Und doch – würden die beiden nicht wunderbar zusammenpassen, wenn es nicht ganz und gar unmöglich wäre, dass Bruder und Schwester heiraten?

Sie weiß, dass der Vater sich heimlich mit dem Gedanken trägt, die Ursula solle einmal Langenecker-Bäuerin werden. Der alte Langenecker ist schon ein paarmal da gewesen und hat so herumgeredet wegen seines Buben, der einmal den stattlichen Hof übernehmen soll. Freilich, das sind alles noch ungelegte Eier! Niemand hat bisher die Ursula gefragt, was sie von dieser Idee hält. Und warum auch? Mit sechzehn ist sie noch entschieden zu jung, um zu heiraten, findet ihre Mutter.

Den ganzen Tag trägt Antonia ihr Wissen für sich herum. Erst am späten Abend, sie sind bereits schlafen gegangen, kann sie es nicht mehr für sich behalten und stößt ihren Mann leise an.

»Du, Ferdl, ich muss dir etwas sagen.«

Er richtet sich langsam auf. »Das muss schon etwas Wichtiges sein, wenn du nicht bis morgen damit warten kannst. Um was geht's denn?«

»Um unsere Ursula.«

»Was hat sie denn ausgefressen?«

»Das gleiche, was wir alle einmal ausgefressen haben, als wir jung und verliebt waren.«

»Auweh! Verliebt ist sie also. Mutter, da sieht man doch einmal wieder, dass wir beide alt werden! Wer ist denn der Glückliche?«

»Du wirst ein genauso dummes Gesicht machen wie ich heute morgen, als mir die Ursula davon erzählt hat. Unser Martin ist es.«

»Was?«

»Ja, ja, du hast ganz richtig gehört: Die Ursula und unser Martin.«

Mit beiden Beinen zugleich ist der Pacher aus dem Bett, schlüpft in die Hose und sucht nach seinen Pantoffeln.

»Wo willst du denn hin?«, fragt Antonia.

»Das muss ich von ihr selber hören. Also, so was hab' ich in meinem ganzen Leben noch nicht gehört! Verliebt sich die in ihren eigenen Bruder!«

»Das habe ich zuerst auch gedacht. Aber ist er denn ihr Bruder?«

Der Roßkogler starrt sie verdutzt an. Dann fährt er sich mit gespreizten Fingern durch das Haar. »Freilich, da hast du Recht. Blutsverwandt sind die beiden eigentlich nicht. Aber ich glaube trotzdem nicht, dass da etwas geht.« Er beginnt in der Schlafkammer auf und ab zu gehen und bietet einen komischen Anblick dabei, wie ihm die lose herunterhängenden Hosenträger um die Beine baumeln.

»Der Martin ist adoptiert, das heißt, das Gesetz behandelt ihn, als ob er unser eigener Sohn wäre. Damit ist die Ursula nach dem gleichen Gesetz seine Schwester.«

Er dreht sich zu seiner Frau um.

»Die beiden könnten ganz sicher nicht heiraten. Es geht nicht. Und wenn es gehen würde, würde ich es nicht wollen. Es läuft meinen eigenen Plänen zuwider.«

»Was wären denn das für Pläne?«, fragt Antonia.

»Mit dem Langenecker habe ich es schon halb und halb ausgemacht, dass sein Anselm unsere Ursula einmal haben könnte.«

»Was? Das hast du?«, fragt Antonia ein wenig vorwurfsvoll. »Ferdl, so etwas ist doch sonst gar nicht deine Art. Menschen gibt man doch nicht zusammen wie das Vieh.«

»Na ja, direkt zugesagt habe ich es ihm ja auch nicht, dem Langenecker. Er hat mich halt gefragt, ob ich was dagegen hätte, und da habe ich ihm dann schon gesagt, dass es die Hauptsache ist, ob die Ursula das so will. Anders hätte es gar keinen Sinn. Im Übrigen«, er beginnt wieder, hin und her zu gehen, und redet sich in einen kleinen Zorn hinein, »im Übrigen verstehe ich nicht, dass du als Mutter nicht schon längst gemerkt hast, dass sich zwischen den beiden etwas anbahnt. Ich kann doch meine Augen nicht überall haben.«

»Das kann noch nicht besonders lange gehen, sonst wäre mir sicher schon früher etwas aufgefallen. Als ich heute gemerkt habe, dass mit dem Mädel etwas nicht in Ordnung ist, habe ich sie sowieso gleich gefragt. Und du sollst dich jetzt auch nicht aufregen. Wer weiß, wie alles noch kommt. Die zwei sind noch so jung, da kann sich noch viel ändern. Leg dich wieder hin jetzt, und nimm es nicht so tragisch.«

Das ist aber leichter gesagt als getan. Beide können zunächst nicht einschlafen. Ferdinand Pacher meint schließlich versonnen: »Also, ein schönes Paar wären die beiden schon. Ein Jammer, dass diese Verbindung nicht sein kann.« Und fügt hinzu: »Schauen wir mal, ob wir uns für dieses Problem eine Lösung ausdenken müssen, wenn der Krieg einmal vorbei ist. Einstweilen warten wir lieber erst ab, ob es überhaupt nötig ist.«

Mitte März kommt Martin erstmals auf Urlaub. Er hat seine Ankunft nicht angemeldet und ist abends mit dem Bus von Lenggries herübergekommen.

Die Dämmerung ist schon hereingebrochen, und der Roßkogler, der gerade am Fenster steht und hinausschaut, kann lange nicht erkennen, wer es ist, der da langsam den Hügel heraufkommt, bei der Ahorngruppe stehen bleibt und auf den Hof herschaut. Doch plötzlich hat er es erfasst.

»Der Martin kommt!«

Mit einem Schrei springt Ursula auf und rennt hinaus.

»Spinnt die?«, fragt Klemens unwillig und legt die Zeitung zusammen, in der er gelesen hat.

Draußen stehen sich Ursula und Martin gegenüber und sehen sich sekundenlang mit großen Augen an.

»Bist du schön geworden«, sagt Martin endlich.

Wenn sie nur unbeobachtet wären! Am liebsten möchte sie ihm um den Hals fallen, aber sie weiß, dass man es wahrscheinlich von der Stube aus gesehen hätte.

»Du«, flüstert sie ihm zu. »Sie wissen es jetzt, dass wir beide uns lieben.«

In diesem Augenblick kommt die Mutter aus dem Haus, wischt sich die Hände an der Schürze ab und nimmt sein Gesicht dann in ihre Hände.

»Martin, Bub, lass dich anschauen. Mager bist du geworden. Komm nur rein jetzt, ich koche dir gleich etwas.«

Drinnen in der Stube begrüßt ihn der Vater. Klemens blinzelt ein wenig verlegen, als er ihm die Hand reicht, und sagt gleich als Erstes: »Du, die Sache mit dem Rehbock ist niedergeschlagen worden wegen Geringfügigkeit.«

In Wahrheit ist es aber so, dass der Förster die Anzeige mit Rücksicht auf den alten Roßkogler nicht weitergeleitet hat. Im Tumult des ausbrechenden Krieges ist das weiter gar nicht aufgefallen.

Der Vater betrachtet den jungen Soldaten. Die Uniform sitzt ihm wie angegossen, und die Jägermütze mit dem Edelweiß hat er verwegen auf dem kurz geschorenen Blondkopf.

»Wie lange hast du Urlaub?«, fragt er.

»Vierzehn Tage.«

»Wird man da recht gezwiebelt in der Kaserne?«, will Klemens wissen.

Martin lächelt wie einer, der bereits alle Strapazen hinter sich hat.

»Es ist zum Aushalten«, antwortet er, und sein Blick sucht dann wieder Ursulas Gesicht.

Gleich darauf wird das Essen aufgetragen. Die Mutter hat ihm Pfannkuchen gebacken und stellt ihm dazu ein Schüsselchen mit Preiselbeeren hin.

»Soso, vierzehn Tage hast du Urlaub«, sagt der Vater. »Jetzt erzähl mal, wie es so zugeht in der Kaserne, mein Bub.« Er hat »mein Bub« hinzugefügt, damit der Soldat seine leichte Fremdheit verliert und der andere, der so hochmütig in der Ecke sitzt und eine Zigarette raucht, begreift, dass die Monate des Fernseins gar nichts geändert haben.

Ja, Klemens sitzt ziemlich hochmütig in der Ecke und horcht doch gespannt hin auf das, was Martin erzählt. Zwar glaubt er nicht, dass man auch ihn noch holen werde – es ist ja so ruhig in der Welt. Im Osten ist der Zauber vorbei, im Westen ist ebenfalls Ruhe. Wozu brauchen sie da noch mehr Soldaten!

Den Vater interessiert das, was Martin zu erzählen hat, ist er doch selber Soldat gewesen, der nun Vergleiche ziehen will zwischen damals und heute.

Einmal macht Martin eine Pause und lächelt.

»Ich erzähle immer von mir und möchte doch auch von euch etwas wissen. Werdet ihr fertig mit der Arbeit?«

»Ich habe verlernen müssen, mir einzubilden, dass ich schon alt werde«, antwortet der Roßkogler. »Und der Klemens – was wahr ist, muss gesagt werden –, er packt jetzt viel besser zu als früher. Hoffentlich bleibt es so.«

Da Martin schon mehrmals gegähnt hat, fragt ihn die Mutter, ob er müde sei.

»Ja, ich bin ziemlich erledigt«, gibt Martin zu. »Die lange Bahnfahrt und –«

»Ich richte dir gleich dein Bett her«, sagt Ursula in auffallender Eile, worauf Klemens hintergründig lächelt.

Droben hat Ursula das Deckbett hochgeschlagen und die Fenster geöffnet, weil sie weiß, dass er nur bei offenem Fenster schläft. Ihr Herz schlägt in einem wilden Rhythmus, aber als dann Martin über die Schwelle kommt, steht sie doch da, mit hängenden Armen und ein bisschen hilflos.

»Du hast nicht geschrieben, dass du kommst«, sagt sie leise. »Sonst hätte ich schon ein paar Blumen irgendwo aufgetrieben. Auf der Junghalde drüben habe ich gestern die ersten Krokusse gesehen.«

Langsam geht er auf sie zu und zieht sie an sich. »Krokusse sind keine Sonnenblumen. Und schreiben habe ich es nicht können, weil ich es selber nicht gewusst habe.«

»Du hast ja auch sonst nicht geschrieben. An mich wenigstens nicht.«

Seine Hand streichelt ihr Haar.

»Und du? Hast du mir geschrieben? Ich habe darauf gewartet, Ursula.«

Da ertönt ein scharfer Pfiff vom unteren Flur herauf.

»Der Vater«, stammelt Ursula erschrocken und rennt hinaus.

Ja, der Vater steht unten. Er schimpft nicht, er sieht sie nur ein wenig von der Seite her an und sagt, indem er mit dem Daumen auf die drittletzte

Tür hindeutet: »Dort ist deine Kammer, falls du es nicht wissen solltest.«

Am nächsten Tag aber nimmt der Roßkogler den Martin am Abend mit hinunter ins Dorf. Auf dem Hinweg fällt kein Wort wegen Ursula; am Stammtisch sitzt er neben ihm, und er ist es, der das Gespräch in eine Richtung lenkt, dass Martin erzählen muss.

Es ist wenig, denn in einer Garnison erlebt man nicht viel. Andere sind auch schon hier gesessen und haben mehr zu erzählen gewusst, weil sie in Polen dabei gewesen sind.

Es mag vielleicht Stolz dabei gewesen sein, der den Roßkogler aufgestachelt hat, diesen Sohn ein wenig herumzureichen, vielleicht auch die Absicht, allen zu zeigen, wie sehr er Martin nach wie vor als seinen Sohn betrachtet.

Still und mondlos ist die Nacht, als sie gegen zehn Uhr heimgehen. Ab und zu streicht ein Windstoß über die kahlen Märzwiesen. Keines Tieres und keines Menschen Stimme ist zu vernehmen, nur manchmal, wenn der Wind stärker vom Westen her drängt, hört man das Geplätscher der Großen Laine wie das Raunen unirdischer Stimmen durch die Nacht wehen.

Bei dem großen Feldkreuz an der Weggabelung bleibt der Roßkogler stehen, schiebt seinen Hut aus der Stirne und sieht Martin an.

»Und wie ist jetzt das mit der Ursula? Sag es mir ganz ehrlich.«

Martin wird verlegen und fährt sich mit dem Handrücken über die Stirne. »Ich weiß nicht, Vater, es war ganz einfach da.«

»War da. Soso, war ganz einfach da.«

»Ja, auf einmal war es, als hätte sich ein Vorhang geteilt – und wir waren nicht mehr Bruder und Schwester.«

»Aha. Ist es dann so, dass ich für die Zeit, wo du da bist, die Ursula zur Mutter in die Kammer schlafen legen muss und ich dafür in ihre Kammer gehe?«

Immer tiefer wird Martins Verlegenheit. »Nein, Vater, du sollst so was nicht von mir denken.«

»Ja, Martin, ich glaube dir. Aber es ist nicht ganz unwichtig, dass wir darüber reden. Glaub mir, die Ruhe, die jetzt herrscht, ist bloß die Ruhe vor dem großen Sturm. Der Krieg ist noch lange nicht aus. Du gehst fort, und die Ursula bleibt zurück. Betrachte sie einstweilen so, als wäre sie deine leibliche Schwester, zu der es keinen Weg gibt. Wenn du gesund heimkommst, dann reden wir weiter. Ich bin der Letzte, der eurem Glück dann im Weg stehen will, auch wenn ich keine Ahnung habe, was ich mit euch beiden dann machen soll. Vielleicht kann uns der Notar weiterhelfen, bei dem die Adoption damals beurkundet worden ist. Bloß jetzt fangt auf keinen Fall schon etwas an. Versprich mir das, Martin.«

Unter dem Wegkreuz reichen sie sich die Hand, und Martin hätte fast aufgeschrien unter dem harten Druck der Hand des Vaters.

»Ich möchte in der Zeit, wo du da bist, nicht dauernd aufpassen müssen«, redet der Roßkogler weiter. »Du hast mir jetzt die Hand darauf gegeben, und das hat Geltung für mich.«

Und dann ist alles mit einem Schlag vorzeitig zu Ende. Sechs Tage hat Martin von seinem Urlaub erst genossen, als er im frühen Morgengrauen des siebten Tages durch ein Telegramm zu seiner Truppe zurückgerufen wird.

Er macht sich reisefertig, und die Mutter packt ihm in den Rucksack, was sie in der Vorratskammer gerade findet. Draußen geht ein leiser Nieselregen nieder, mit etwas Schnee vermischt. Der Hund jault an der Kette, als Martin aus dem Haus tritt. Er geht hin und streichelt ihm das zottige Fell. Als er sich aufrichtet, sieht er den Vater unter dem erleuchteten Türrahmen stehen, ganz schmal, grau und gebeugt. Martin streckt das Kinn vor, dann wendet er sich schnell ab, weil er fühlt, wenn er jetzt umkehrt, wird das Weggehen nur noch schwerer.

Hinter der Tennbrücke huscht ein Schatten hervor. Ursula ist es, ein Schultertuch umgehängt, die Augen auf ihn gerichtet.

»Geh wieder heim, Ursula«, sagt er und streicht ihr über die nasse Stirne. »Geh ins Haus, Ursula, du erkältest dich.«

»Nein, lass mich ein Stück mit dir gehen. Bloß bis zum Wegkreuz hinunter. Wer weiß, wann du wiederkommst.«

»Ach, bald wieder«, sagt er, und es soll zuversichtlich klingen.

Der Morgen ist grau und verhangen. Und durch diese nebelfeuchte Frühe gehen die beiden Hand in Hand den Hügel hinunter. Die Nebel senken sich auf ihre Schultern. Wie Gespenster tauchen vereinzelte Gebüsche auf und verschwinden wieder. Dann sind sie auf einmal am Kreuz.

Und da packt es Ursula mit jäher Leidenschaft. Sie fasst nach seinem Arm.

»Nimm mich doch mit. Lass mich nicht allein zurück.« Martin streicht über ihren Scheitel, seine Hand wird nass vom Nebel.

»Aber Ursula, das geht doch nicht.«

Ihre Augen füllen sich mit Tränen, die sie krampfhaft zu unterdrücken versucht. Dann nestelt sie plötzlich in ihrer Tasche und drückt ihm ein kleines, dünnes Büchlein in die Hand.

»Da, nimm es mit, als Andenken an mich.«

Verwundert liest er den Titel: »Rilkes Gedichte.« Dann schaut er sie an. »Wie kommst du zu dem Buch?«

»Ich habe es schon lang. Seit vorigem Jahr schon. Da hat es einmal ein Gast auf unserer Alm liegen lassen. Ich verstehe nichts davon, aber vielleicht findest du etwas Schönes drinnen. Ich habe sonst nichts, was ich dir schenken könnte.«

Er steckt es in die Brusttasche, wo er auch das kleine Gebetbüchlein verwahrt, das ihm die Mutter mitgegeben hat, als er hat einrücken müssen.

»Jetzt wird es Zeit«, sagt er mit schwerer Stimme in ihr Schluchzen hinein. »Du musst tapfer sein, Ursula, und musst dir denken, dass nicht jede Kugel trifft.«

»Ich will beten für dich«, sagt sie. »Jeden Tag vor dem Einschlafen.«

Sie schlingt beide Arme um seinen Hals und küsst ihn. »Und nun geh, mein lieber Martin. Ich will schon tapfer sein.«

Sie steht noch unter dem Kreuz, als seine Gestalt bereits im Nebel verschwunden ist. Wird er jemals wieder aus diesem Nebel auftauchen? Wird sie ihn jemals wieder sehen? Irgendwo schreit eine Krähe im Nebel, und dann hört man das Signal des Postomnibusses. Enger zieht Ursula das wärmende Tuch um ihre Schultern und geht mit müden Schritten langsam bergauf.

Mittags erst hebt sich der Nebel, die Sonne dringt durch das Graue, zerreißt es und löst es schließlich auf. Sie geht am Abend flammend unter und hat damit endgültig den Frühling ins Tal gebracht, die Tage werden wärmer und zwei Wochen lang herrscht jeden Tag strahlender Sonnenschein. Um diese Zeit aber sitzt der Gebirgsjäger Martin Pacher mit vielen anderen zusammengepresst im engen Laderaum eines Zerstörers, der gegen Narvik dampft. Der Krieg in Norwegen hat begonnen.

Genau vier Wochen später beginnt er auch im Westen, und da begreifen auch die Einfältigsten, dass dieser Krieg von langer Dauer sein wird.

Das Leben auf den Höfen geht weiter, weil es weitergehen muss. Die Gesichter der Menschen sind verschlossener geworden, und immer öfter ruft in diesem dritten Kriegsjahr die Glocke zum Seelengottesdienst für einen gefallenen jungen Mann aus dem Tal. Der Russlandkrieg scheint eine ganze Generation junger Männer auslöschen zu wollen.

Die paar jungen Männer, die noch zu Hause sind, warten nun auch darauf, bald geholt zu werden. Und dann trifft es auch den Klemens Pacher. Eines Mittags bringt der Postbote den Gestellungsbefehl.

Klemens, der die ganze Zeit sehr ruhig und arbeitsam gewesen ist, gerät in Zorn, beginnt auf Gott und die Welt zu schimpfen und schreit dem Vater ins Gesicht: »Und ich geh' einfach nicht!«

Der Roßkogler, der den Krieg aus ganzer Seele hasst und nie ein Hehl daraus gemacht hat, schaut seinen Sohn lange an. Dann zuckt ein verächtliches Lächeln um seinen Mund.

»So dumm kannst nur du daherschwätzen. Natürlich gehst du, weil sie dich sonst an die Wand stellen.«

»Ich versteck' mich droben auf der Alm, da sollen sie mich erst finden!«

»Red doch nicht so dummes Zeug. Keiner kann sich auf die Dauer verstecken. Und soll es heißen, dass ein Pacher feige gewesen ist und sich versteckt hat? Schämst dich nicht vor den anderen? Weiß Gott, ich verwünsche den Krieg bis zum Letzten, aber wenn du das tun willst, dann – ich müsste mich für dich schämen.«

»Aber du kannst doch zum Ortsbauernführer gehen und versuchen, dass ich noch mal zurückgestellt werde.«

»Nein!«, antwortet der Roßkogler rau. »Soll ich hingehen zu dem, der mich die ganze Zeit schon schikaniert, weil ich ihm nicht nach dem Mund rede, und soll betteln? Das kannst von mir nicht verlangen!«

»Für den Martin würdest du es schon machen«, zischt Klemens gehässig.

Der Vater fährt herum. »Der Martin würde sich so was wahrscheinlich verbitten, nicht weil er begeistert ist für den Krieg, sondern weil er weiß, dass es eben Gesetze gibt, denen man sich unterwerfen muss. Was alle anderen auch tun müssen, davor kann man selbst sich nicht drücken.«

Vielleicht steckt auch wirklich eine kleine Schikane dahinter, dass man die Unabkömmlichkeitsstellung des Klemens Pacher aufgehoben hat. Aber man will damit nicht den Klemens treffen, sondern den alten Roßkogler, der der örtlichen Parteiführung ein Dorn im Auge ist. Er begehrt nicht offen auf, nein, aber er hat immer so ein spöttisches Lächeln um seinen Mund, wenn er auf den Versammlungen ihren Reden zuhört. Vielleicht vergeht ihm dieses überhebliche Schmunzeln, wenn er jetzt noch mehr anpacken muss.

Schweigend schickt sich der Roßkogler ins Unvermeidliche. Ohne ein Wort zu verlieren, tritt er in die Lücke, die Klemens hinterlassen hat. Es tut ihm nur weh, wenn er sieht, wie auch Antonia mehr Arbeit denn je leisten muss. Und wie nötig hätte sie es, mehr auszuruhen! Ihr Haar ist silbergrau geworden, ihr Schritt ist längst nicht mehr so rasch und federnd wie früher. Die Ursula muss jetzt mehr draußen zugreifen, sodass der Mutter die ganze Hausarbeit allein obliegt, denn in dieser Zeit sind Leute sehr schwer zu bekommen.

Schließlich werden seinem Hof drei Fremdarbeiter aus dem Osten zugeteilt, zwei Männer und eine Frau aus der Ukraine. Damit wird die Last der vielen Arbeit ein bisschen leichter. Der Roßkogler hat freilich ein ungutes Gefühl dabei, Menschen, die ungefragt aus ihrer Heimat fortgebracht und nach Deutschland verschleppt wurden, bei sich zu beschäftigen.

»Fremdarbeiter, dass ich nicht lache«, sagt er zu Antonia, als er den schriftlichen Bescheid vom Ortsbauernführer bekommt. »Zwangsarbeiter sind das, Leute, die dort, wo sie daheim sind, ihren Eltern genauso fehlen, wie uns hier unsere Buben. Pfui Teufel, dass ich mich zu so etwas hergeben muss! Eines Tages werden wir alle für dieses Unrecht bitter büßen müssen, denk an meine Worte!«

Doch es lässt sich nicht leugnen, dass ohne Dimitri, Sascha und Tatjana manche Arbeit einfach nicht mehr gemacht werden könnte.

In jedem Fall ignoriert Pacher die schriftlichen Anweisungen, wie man mit den Hilfskräften aus dem Osten umzugehen habe. Mögen andere es halten, wie sie wollen, auf dem Roßkoglerhof durften schon immer alle Arbeitskräfte mittags an einem Tisch sitzen, und zu essen bekommt jeder, so viel er mag. Und wie käme er dazu, zu überwachen, dass niemand mit den Ukrainern Freundschaft schließt?

Von Martin kommen nur selten Briefe von der Ostfront. Er schreibt nicht viel, nur dass es ihm gut gehe. Ursula nimmt die Briefe alle an sich, sammelt sie in einer kleinen Schachtel und weint über einen der letzten bittere Tränen, weil Martin geschrieben hat:

»... und manchmal schaut es so aus, liebe Ursula, als gäbe es kein Zurück mehr aus diesem Grauen. In solchen Stunden denke ich dann, du solltest nicht auf mich warten, sondern den Langenecker-Anselm nehmen, der wegen seiner Prothese wohl nicht mehr an die Front kommen wird.«

8

Ja, der Sohn vom Langenecker ist heimgekommen, nachdem man ihm ein Bein oberhalb des Knies abgenommen hat. Ein paar Mal ist er schon da gewesen auf dem Roßkogl, ein scheuer, zurückhaltender Mensch, den das schreckliche Erlebnis älter gemacht hat. Aus seinen kargen Erzählungen weiß Ursula, dass der Krieg im Osten ein Gang durch die Hölle ist.

Ursula hat längst gemerkt, dass es nicht das Geschäft allein ist, das den jungen Langenecker immer wieder zum Roßkogl treibt. Einmal hat er eine Kuh gekauft, einmal ein Stierkälbchen zum Tausch angeboten. Es ist ein trauriger Anblick, diesen großen, jungen Menschen so mühsam über den Hof stapfen zu sehen. Hart schlägt die Prothese auf das Pflaster des Flurs. Manchmal zuckt es in seinem Gesicht wie in verbissenem Schmerz. Die Prothese sitzt nicht besonders gut.

An einem frühen Winterabend kommt er wieder angehumpelt. Ursula ist allein in der Stube. Der Vater ist mit den beiden ukrainischen Helfern noch im Wald, die Mägde sind in der Tenne beschäftigt, und die Mutter ist in der Küche. Unwillkürlich erschrickt Ursula, als sie Anselm mit den Krücken über den Hof humpeln sieht. Sie hat schon gemerkt, dass er mehr sucht als nur ihr Mitleid.

Anselm betritt die Stube und bleibt einen Augenblick betroffen stehen, als er Ursula allein vorfindet. Dann lehnt er seine Krücken an den Kachelofen und setzt sich.

»Suchst du den Vater?«, fragt Ursula. »Die Männer sind noch nicht zurück aus dem Wald.«

»Macht nichts«, antwortet Anselm in seiner langsamen Art und zieht dann umständlich eine kurze Pfeife aus seiner Tasche, zündet den Tabak an und macht ein paar hastige Züge. Dann drückt er mit dem Daumen die Glut in der Pfeife nieder. »Weißt du, Ursula – es ist schon ein rechtes Kreuz bei uns. Die Mutter kann halt nicht mehr so recht.«

»Ist die Langeneckerin krank?«

»Nicht richtig krank, aber trotzdem schlecht beieinander. Seit der Hans gefallen ist, will ihr gar nichts mehr von der Hand gehen. Im Haushalt geht es oft drunter und drüber.«

Ursula nimmt den Korb mit Wäsche und stellt ihn auf die Bank neben der Tür. Dann geht sie wieder zum Tisch. So lange hat sie gebraucht, um die Antwort zu finden auf seine Klage.

»Ja, Anselm«, sagt sie, »dann wirst du halt bald heiraten müssen, damit wieder Ordnung hineinkommt in den Hof.«

»Ja, das sagen meine Leute auch«, antwortet er schnell. »Erst heute hat der Vater wieder gefragt, ob ich noch nicht weiter bin mit dir.«

Ursula fährt mit dem Gesicht herum. In ihren Augen ist mehr Trauer als Erschrecken.

»Mit mir? Wie meinst denn das, Anselm?«

Der ruhige Klang in ihrer Stimme gibt ihm Mut.

»Ursula, du musst es doch schon längst gemerkt haben, dass du mir nicht gleichgültig bist.

Wegen was, meinst du, bin ich in letzter Zeit immer hierher gekommen?«

»Wegen der Geschäfte, habe ich gedacht.«

»Auch. Aber das war nur Vorwand. Die Hauptsache warst du.« Und plötzlich greift er nach seinen Krücken, humpelt auf sie zu und fängt an, auf sie einzureden. Wie ein Wasserfall drängt es nun aus ihm heraus.

»Schau, Ursula, du sollst es gut haben bei mir. Unser Hof ist nicht schlechter als der eure, das weißt du ja. Und ich wüsste mir keine liebere Bäuerin wie dich. Und wegen meinem Bein – Ursula, da kann ich ja nichts dafür. Manche haben zwei gesunde Beine, aber ein falsches Herz. Einmal muss ja der Krieg aus sein und das Leben wieder einen Sinn kriegen.«

Ursula hört die Worte und weiß, dass sie jetzt die Wahrheit sagen muss, wie schwer sie ihn auch treffen mag.

»Du sagst ja gar nichts«, sagt er in banger Erwartung. »Darf ich denn gar kein bisschen hoffen, Ursula?«

Ein tiefes Atemholen, dann antwortet Ursula:

»Nein, Anselm, hoffe lieber nicht.«

Er erschrickt so sehr, dass ihm eine der Krücken entgleitet.

Ursula bückt sich und hebt sie auf. Dann schaut sie ihm offen in die Augen.

»Es geht nicht, Anselm, glaub es mir.«

»Also doch«, stammelt er. Seine Schultern sinken dabei nach vorne. »Ach ja, was soll dir auch so ein Krüppel bedeuten können. Ich weiß, Ursula, du möchtest einen haben, der gesunde Beine hat und mit dir über die Wiesen laufen kann.«

»Nein, Anselm, das ist es nicht. Komm, setz dich. Ich will es dir ganz offen sagen.«

Sie drängt ihn auf die Bank und fasst nach seiner Hand. »Warum es nicht sein kann, Anselm? Es ist – zu spät.«

Betroffen hebt er den Kopf. Seine Augen hängen flehend an ihr.

»Für ein Glück ist es nie zu spät, Ursula.«

»Da hast du Recht. Aber für ein Glück müsste das Herz noch frei sein. Und meins ist nicht mehr frei.«

»Ach, so ist es«, sagt er wieder langsam.

Dann greift er nach seinen Krücken und steht auf. »Dann kann ich mir ja von jetzt an den Weg hierher sparen.«

»Anselm, ich will dir das Kommen nicht verleiden.«

Mühsam humpelt Anselm zur Tür. Dort dreht er sich noch einmal um.

»Und – wer es ist, kannst du mir das sagen?«

»Ja, Anselm, das will ich dir sagen. Ich will nicht, dass du denkst, ich mache dir etwas vor. Der Martin ist es. Unser Martin.«

»Der Martin? Dein Bruder Martin?«

Sie nickt und lächelt glückselig dabei. Anselm begreift, dass es ihr ernst ist mit dem, was sie sagt, obwohl es ihm nicht in den Kopf will, dass man sich in den eigenen Bruder verlieben kann. Hat man je so etwas gehört? Draußen fahren mit hellem Schellengeläute die Fuhrwerke in den Hof.

»Jetzt kommt der Vater. Willst du nicht doch auf ihn warten, Anselm?«

Er schüttelt nur stumm den Kopf und geht. Draußen umfängt ihn leichtes Schneegestöber. Es rieselt in seinen Hals hinein, aber er spürt nichts davon. Weit setzt er die Krücken vor, sodass es manchmal aussieht, als überschlage er sich den Berg hinunter. Als ob ihn jemand jagt, so geht er dahin, und in seinem Hirn hämmern immer nur die Worte: »Es ist zu spät – es ist zu spät ...«

Am gleichen Tag geschieht es, dass zweitausend Kilometer entfernt im Osten der Feldwebel Martin Pacher einem Sterbenden beistehen muss. Kurz nach Mittag hat ein Stoß des Gegners die Division hart in die Flanke getroffen; ein sehr schwerer Stoß, der ganze Kompanien ins Verderben gerissen oder versprengt hat.

Und hier liegen sie nun unter uralten Tannen am Rande eines schmalen Fahrweges: der Feldwebel Martin Pacher und der fremde Leutnant aus einer anderen Einheit. Ein Mann, dessen dichtes Haar schon stark ergraut ist.

Den Leutnant hat es schwer erwischt, und er macht sich auch keinerlei Hoffnungen mehr. Dem Feldwebel hat es nur aus der Wade ein Stück Fleisch herausgerissen. Er hat die Wunde verbunden und ist nur sehr müde vom Blutverlust.

Es ist so still wie in einer Waldkapelle, und zwischen den Lücken der Fichten sehen sie den blauen, kalten Himmel, den ein versöhnendes Abendrot färbt.

Der Leutnant stöhnt, aber Martin ist still. Seine Schmerzen sind nicht übergroß, und er könnte den Offizier vielleicht auf seinen Rücken nehmen und westwärts schleppen. Aber wohin? Der Kessel ist zu, und es kann sein, dass dreißig Meter weiter die russischen Feldwachen stehen. Nein, lieber die Nacht abwarten! Er beugt sich vor und schaufelt mit den Händen Schnee über seine und des Leutnants Füße. Vielleicht verhindert man dadurch das Erfrieren der Beine.

»So also ist das, wenn es ans Sterben geht«, sagt der Leutnant einmal in die Lautlosigkeit hinein. »Eigentlich habe ich es mir anders vorgestellt.«

»Den Tod kann man sich nicht aussuchen«, sagt Martin. »Du musst dir halt denken, so und nicht anders war es dir von Anfang an bestimmt.«

Dem Leutnant sind die Augen zugefallen gewesen. Aber nun reißt er sie wieder auf. »Duzen Sie mich?«

»Ich hab' dich geduzt, jawohl«, antwortet Martin. »Im Jenseits werden wir auch nicht mehr Sie zueinander sagen. Warum also nicht schon jetzt?«

»Da hast du Recht. Schade, dass du kein Pfarrer bist.«

»Wieso?« fragt Martin. »Hast du vielleicht was auf dem Gewissen?«

»Ja und nein. – Mehr als zwanzig Jahre habe ich in Amerika gelebt. Ausgerechnet kurz vor dem Krieg fuhr ich wieder nach Deutschland. Ich wollte etwas in Ordnung bringen, was ich vor meiner Auswanderung verbockt habe, aber ich bin nicht mehr dazu gekommen.«

Martin blickt auf die zitternden Hände des Leutnants. Er sieht den Ehering an seiner Hand.

»Und deine Frau? Ist sie drüben?«

»Ja, und die Kinder. Zwei Buben und ein Mädchen.« Der Leutnant lacht ein bisschen, mit verzerrtem Gesicht.

»Der Hartmut wird jetzt Soldat sein und auf amerikanischer Seite kämpfen. Stell dir vor, ich wäre nicht hier, sondern im Westen. Und eines Tages stünde ich meinem eigenen Sohn gegenüber. – Hast du nichts mehr zu trinken?«

Martin hat noch etwas Schnaps in seiner Feldflasche. Aber er leugnet es, weil sie gelernt haben, dass bei Bauchschüssen jeder Schluck Flüssigkeit den Tod bringen kann. Stattdessen greift er in seine Brusttasche und zieht das Gebetbüchlein heraus. Das Bändchen mit Rilkes Gedichten entfällt dabei seiner Hand und liegt nun auf der Brust des Leutnants. Martin schlägt das schwarze Gebetbüchlein auf und liest auf der ersten Seite, mit Bleistift hingekritzelt, den Namen der Mutter, Antonia Pacher. Auf der dritten Seite findet er, was ihm angebracht scheint in dieser Stunde in dem großen fremden Wald bei Einbruch der Dämmerung. Und er beginnt zu lesen:

»Du Gott aller Güte, Vater der Erbarmung! Ich erscheine vor dir mit gedemütigtem, reuigem Herzen, ich empfehle dir meine letzte Stunde und alles, was nach derselben mich erwartet.«

»Also doch schon meine letzte Stunde«, sagt der Leutnant, der inzwischen das Rilke-Bändchen aufgeschlagen hat. »Da, lies einmal das da vor. Nein, ich will es selber versuchen!

Ewiges will zu uns. Wer hat die Wahl
und trennt die großen und geringen
Kräfte?
Erkennst du durch das Dämmern der
Geschäfte
im klaren Hinterraum das Abendmahl:
wie sie sich's halten und wie sie sich's
reichen

und in der Handlung schlicht und
schwer beruhn.
Aus ihren Händen heben sich die Zei-
chen,
sie wissen nicht, dass sie es tun.«

Voll und schön hat seine Stimme geklungen. Aber in den letzten Sätzen ist sie nur noch ein Flüstern gewesen, und nun legt er sich wieder zurück und stöhnt. Der Stahlhelm fällt ihm tief in die Stirn.

»Feldwebel«, flüstert er dann.

Martin steckt seine beiden Büchlein wieder ein und kramt in seinen Taschen nach etwas Rauchzeug. Er findet gerade noch eine Zigarette.

»Mir auch eine«, stöhnt der Leutnant.

»Ich habe nur noch die eine, aber du sollst nicht zu kurz kommen.«

»Wo bist du daheim, Feldwebel?«

»Hinter Lenggries.«

»Lenggries, Lenggries?« Der Leutnant schiebt den Helm aus dem Gesicht. Seine Augen haben einen merkwürdigen Glanz. Dann streicht er mit zitternden Fingern über seine Stirn, als möchte er eine Erinnerung herbeiziehen. Aber die Hand will ihm nicht mehr recht gehorchen.

Dann fallen ihm die Augen zu, und mit dem letzten Blick sieht er noch die Sterne über den Fichtenwipfeln flimmern.

Noch einmal öffnet sich sein Mund, aber der Feldwebel versteht kaum, was der Sterbende noch sagt:

»Sag, wo ich geblieben! Wo geblieben mein Selbst, das wahre, das ganze, mit der Prägung, die leuchtend von göttlichem Glanze ...«

Nach dieser Peer-Gynt-Frage schließen sich die Lippen des Leutnants stöhnend und bleiben für ewig stumm.

Martin ist nicht mehr erschüttert davon. Er hat schon zu viele so sterben gesehen. Er nimmt ihm die Erkennungsmarke und das Soldbuch ab; er schlägt es auf und liest im letzten Zwielicht, dass der tote Leutnant neben ihm Michael Larisch geheißen hat, im Zivilleben Schauspieler war und dass seine Frau Ingeborg in New York wohnt.

Die Nacht ist eingefallen. Er sieht die Sterne nicht mehr, und dann beginnt es auch noch zu schneien, langsam und mit großen Flocken. Sie legen sich lautlos auf die graue Gestalt des Leutnants und hüllen ihn ein, wie mit einem weißen Laken.

In der Nacht hat Martin versucht, irgendwo Anschluss zu finden. Aber er irrt nur im Kreise umher. Der Wald hält ihn gefangen, und im Morgengrauen kommt er wieder an die Stelle, wo der tote Leutnant liegt. Man sieht nicht mehr viel von ihm, nur eine Stiefelspitze ragt noch aus dem Schnee.

Und auf einmal ist Martin dann doch nicht mehr allein. Kaum dass es tagt, strömen die Versprengten zusammen, die sich über Nacht im Wald verborgen gehalten haben. Auf einer Lichtung sammeln sie sich und machen ein Feuer an. Immer mehr kommen zusammen, angezogen von dem Rauch, der über die Wipfel der Bäume steigt. Der Rauch aber verrät sie auch an die Gegner, und kaum dass die Ersten den heißen Tee gefasst haben, erfolgt der Angriff. Ringsum brüllt die Erde auf. Äste und Fichtenkronen brechen wie Spreu.

Martin erhält einen Schlag gegen die Schulter und fällt besinnungslos zu Boden. Er hört nichts mehr, nicht das Knattern der Maschinengewehre, nicht das Malmen der Panzerketten der drei Ungetüme, die sich einen Weg durchs Dickicht bahnen. Er spürt auch nicht den Griff der fremden Hand an seiner Schulter.

Die Hand dreht ihn herum, und im Gesicht, das zu dieser Hand gehört, zeichnen sich für Sekunden Ratlosigkeit und Erschrecken. Dann legt der Gefreite Alois Federl aus Wegweid bei Lenggries dem Feldwebel Martin Pacher die Hände über der Brust zusammen.

Zu mehr reicht es nicht, denn schon bricht das Jungholz unter den Raupenketten russischer Panzer.

Als Martin zu sich kommt, steht die Sonne hoch in einem bleigrauen Mittagshimmel. Es ist totenstill, und überall liegen lautlose, stumme Gestalten. Er schaut um sich und sieht, dass einen halben Meter von ihm entfernt einer der Panzer vorbeigezogen ist. Deutlich zeichnen sich die Raupenspuren im Schnee ab. Dann sieht er an sich selber hinunter und entdeckt, dass seine Nahkampfspange und das Deutsche Kreuz in Gold fehlen. Und darüber kann er dann schon wieder lächeln. Was sollen ihm diese Zeichen der Tapferkeit noch bedeuten? Aus dem Deutschen Kreuz hätte man vom Goldschmied in Tölz allerdings noch eine schöne Brosche für Ursulas Festtagsmieder machen lassen können.

Für Ursula? Was ist aus seiner Liebe zu ihr geworden? Ein Kindermärchen, zurückgelassen in den bunten Tagen der Jugend, wo er noch nichts ahnen konnte von dem, was er in den letzten Jahren erlebt hat.

Er kommt sich um viele Jahre gealtert vor, als hätte der Krieg ihm dreißig Jahre seines Lebens gestohlen. Und wie er über all das so nachdenkt, fällt ihm auch wieder ein, was gestern gewesen ist, in der Nacht und dann am Morgen. Warum lebt er eigentlich noch? Man hat ihn wohl für tot gehalten. Langsam beginnt er sich abzutasten. Die Wunde an der Wade war gestern schon da gewesen. Aber die Verletzung an der Schulter ist neu und auch die Schramme an der Schläfe, die ihm wohl das Bewusstsein genommen hat. Aber er kann noch stehen. Jawohl, er kann noch stehen und – gehen. Er hängt sich die Maschinenpistole um, ergreift einen abgerissenen Ast und benützt ihn als Gehstock. Gegen Abend stößt er wiederum auf einen fremden, versprengten Haufen. Es sind nicht mehr viele, an die dreißig Mann, die müde und zerschlagen westwärts taumeln. Es hat keinen Sinn mehr, die Magazine noch leer zu schießen, als sie sich plötzlich von einer Übermacht umzingelt sehen. Resigniert heben sie die Hände und werden ostwärts getrieben, bis sie auf einen unübersehbaren Haufen anderer Gefangener stoßen, die auf einer verschneiten Wiese unter freiem Himmel stehen.

Am Osterdienstag trifft auf dem Roßkogl die Nachricht ein, dass der Feldwebel Martin Pacher im Wald bei Mohilew gefallen sei.

Der, der sie zu überbringen hat, drückt sich zuerst eine Weile bei den Ahornbäumen herum, bis er den Roßkogler aus dem Haus treten sieht. Und als er auf Ferdinand Pacher zutritt, weiß der sofort, was das zu bedeuten hat. Seine Hand zittert heftig, als er das Telegramm nimmt.

»Es ist halt ein Kreuz und ein Elend«, sagt der andere, obwohl er den Auftrag hat, von der Heiligkeit des Soldatentodes zu sprechen.

Der Roßkogler nickt nur, und ein hoffnungsloser Schmerz presst ihm die Kehle zusammen. Er zerknüllt das Papier in seiner Faust. Ein zweites Mal braucht er es nicht zu lesen. Die Worte werden ihm unvergesslich bleiben fürs ganze Leben. Und er braucht es auch den anderen nicht so wortwörtlich zu sagen, denn auch sie wüssten nichts anzufangen damit, dass es ruhmvoll sei, fürs Vaterland zu sterben. Er wird nur sagen: »Der Martin kommt nicht mehr heim.«

Und es erweist sich, dass er in den folgenden Stunden der Stärkste zu sein hat. Schweigend hört er den Schreckensschrei der Mutter und kann nur den Arm um sie legen und ihr tränennasses Gesicht an seine Brust betten. Er geht mit Ursula später aus dem Haus in den dämmernden Abend hinein, führt sie an der Hand, so wie er sie früher als Kind oft geführt hat.

»Das Leben geht weiter, Ursula. Es bleibt nicht stehen, und du bist noch so jung. Was sollte ich sagen – oder die Mutter? Du musst nicht glauben, dass uns der Martin nicht genauso lieb gewesen ist wie dir. Gott verzeih mir die Sünde, aber oft ist es mir vorgekommen, als hätte ich ihn lieber gehabt als den Klemens.«

»Ich kann mir einfach nicht vorstellen«, schluchzt Ursula von neuem, »dass er tot sein soll.«

»Das ist es, was auch alle anderen sagen, die es trifft. Das werden sie beim Fischer gesagt haben und beim Elzhammer, wo gleich drei Buben gefallen sind. Dann verrinnt die Zeit, und der Schmerz lässt nach. Was bleibt, ist die Erinnerung an einen lieben Menschen, der früh hat sterben müssen. Und dann muss man anfangen, wieder an sich selber zu denken – du vor allem, Ursula, denn auf dich wartet noch das Leben.«

»Gehen wir wieder heim, Vater.«

Sie finden die Mutter in der Küche vor dem Herd stehen. Ihr Gesicht ist wie aus Stein. Ihre Augen sind rot umrändert, und ihre Hände rühren wie abwesend in einem großen Topf, der mit Milch gefüllt ist.

Später beten sie in der Stube den Rosenkranz für den Martin. Auch die Fischers sind herübergekommen, die Stube ist erfüllt vom Murmeln der Betenden, und der Rauch der Kerzen zieht dicht unter den hölzernen Balken hin.

Der Roßkogler starrt unverwandt in die Kerzenflammen. Seine Gedanken wandern viele Jahre zurück, bis zu einer Regennacht, in der er in seinem Wagen ein Kind heimgebracht hat, und nun kniet er hier und betet für dieses Kind, das ihm fünfundzwanzig Jahre später wieder genommen wurde. Und wie er so hinschaut auf die unruhig zuckenden Kerzen, da meint er, in jedem Flämmchen Martins Gesicht zu sehen, froh und jungenhaft, mit einem leichten Staunen in den Augen, als könne er nicht verstehen, weshalb man um ihn so bitterlich klagt.

Eine Woche darauf findet der Seelengottesdienst statt. Die Kirche ist bis auf den letzten Platz gefüllt, und danach versammelt sich alles um die Familiengrabstätte der Pacher, in der nun auch Martin, wenigstens symbolhaft, ruhen soll.

Im Aufschauen sieht Ursula ganz hinten den Langenecker Anselm stehen, auf seine Krücken gestützt. Er schaut unverwandt auf sie, als möchte er mit den Augen fragen, ob er nun vielleicht ein wenig Hoffnung haben darf.

Zu diesem Gottesdienst sind auch die Löschers herübergekommen, Antonias Schwester mit den beiden Töchtern. Fritz, der Sohn, ist längst bei den Soldaten, und Albin Löscher, der Schwager, hat es nicht für nötig gehalten, den Trauernden zu spielen um eines Menschen willen, der ihm von Anfang an ein Dorn im Auge gewesen ist.

Ja, damals, als die Pachers das fremde Kind angenommen und dann selber noch zwei bekommen hatten, damals erloschen in Albin Löscher alle verwandtschaftlichen Gefühle, denn nun gab es ja für ihn und seine eigenen Kinder nichts mehr zu erben. Antonia hat die Schwester lange nicht mehr gesehen. Sie sitzen am Nachmittag im Roßkoglhof beisammen und haben sich viel zu erzählen von all den Jahren, seit sie ausgeflogen sind aus dem wohlbehüteten Nest des Elternhauses, um das Glück zu finden, jedes auf seine Weise.

Erst spät am Abend brechen die Löschers auf. Der Roßkogler bringt sie mit dem Gefährt an den Walchensee, und als er zurückkommt, sieht er Antonia unter den Ahornbäumen sitzen.

Wortlos setzt er sich zu ihr. Er weiß, wie schwer ihr ums Herz ist, und kann ihr nicht viel helfen, weil er selber eine Stunde ersehnt, in der er sich ganz dem Leid hingeben darf, das ihn getroffen hat. Solange Menschen um ihn sind, darf er es nicht zeigen, denn an ihm richten sich alle auf, nicht nur die auf dem Roßkogl, nein, auch die Nachbarn, die gleiches Leid schon getroffen hat.

Antonia weiß das, weiß, dass er selber eines Trostes bedarf, dass er dieses Alleinsein mit ihr jetzt gesucht hat. Darum schiebt sie ihre Hand zur seinen hinüber.

»Weißt du, was mir ein kleiner Trost ist in allem?«, fragt sie ihn. Und als er keine Antwort gibt: »Dass er bei uns eine glückliche Kindheit hatte, das tröstet mich. Und dass er geliebt hat und wiedergeliebt wurde.«

»Ja, das mag dir ein Trost sein und im gewissen Sinn ist es mir ja auch einer«, antwortet der Roßkogler und schaut zu den Sternen auf. »Ich kann mich aber nur schwer damit abfinden, dass das jetzt noch hat sein müssen. Von Anfang an war er dabei in diesem Krieg, der Martin. Und jetzt kann es doch nicht mehr lange dauern. Ein paar Wochen vielleicht noch, dann ist der ganze Schwindel sowieso vorbei.«

»Ich weiß nicht, Vater. Das haben wir zu Weihnachten auch schon gemeint.«

»Ja, aber jetzt zeichnet sich das Ende deutlich ab, und ich hoffe, dass wenigstens der Klemens durchkommt.«

»Wie der Klemens neulich da war, da habe ich das Gefühl gehabt, als wäre er ruhiger und viel vernünftiger geworden.«

Ferdinand Pacher fährt sich mit der Hand über das Haar.

»Mancher braucht eine harte Schule, um ein ganzer Kerl zu werden. Und ein Krieg ist eine harte Schule. Das mit dem Klemens, das habe ich auch festgestellt. Und darum meine ich, wenn er gesund heimkommt, soll er bald heiraten. Die Burgstaller Magdalena, der er schon vorher schöne Augen gemacht hat, ist ein tüchtiges Mädel und hat auf ihn gewartet – die ganze Zeit. Ich glaube, Antonia, dass es nicht zu früh ist, wenn du vom Herd wegrückst und einer Jungen Platz machst.«

»Gern, Ferdl, recht gern. Jetzt könnten wir zwei es auch einmal schön haben, wenigstens ein paar Jahre noch.«

»Ein paar Jahre bloß, meinst du?« Ferdinand Pacher streichelt über Antonias Scheitel hin, der schon recht dünn geworden ist. »Mindestens noch zehn Jahre«, fügt er hinzu.

Ein müdes Lächeln zuckt um ihren Mund. »Sechzig werde ich jetzt, Ferdl, denk dir nur.«

»Ja, und ich siebenundsechzig. Alt sind wir geworden, Antonia, recht alt. Ich weiß gar nicht, wo die Jahre hingekommen sind.«

»Der Krieg zählt doppelt, Ferdl, und ich weiß, dass dich die Jahre müde gemacht haben und dass du dich danach sehnst, endlich deine Hände in den Schoß legen zu können.«

»Vielleicht ein paar Jahre noch – bis ich siebzig bin, aber länger mag ich nicht mehr. Bis dahin will ich noch sehen, ob der Klemens wirklich ein richtiger Bauer wird. Vorausgesetzt überhaupt, dass er heimkommt.«

»So grausam wird der Herrgott doch nicht sein, dass er uns gleich beide Buben nimmt.«

»Der Herrgott hat mit dem nichts zu tun«, antwortet Ferdinand Pacher leise und hebt dann horchend den Kopf. Irgendwo rumort es durch die

Nacht, ganz weit weg ein dumpfes Grollen, ähnlich einem abziehenden Gewitter. Aber es ist kein Gewitter, sondern der Krieg, feindliche Bombengeschwader, die irgendwo dort drüben Tod und Vernichtung in die Nacht werfen.

Nur das Gebetbuch und das Rilke-Bändchen hat Martin Pacher durch zwei Gefangenenlager retten können, alles andere hat man ihm längst abgenommen. Als ein Wunder will es ihm scheinen und als ein gutes Vorzeichen, dass diese Gaben der Mutter und der geliebten Schwester, die einmal seine Frau werden soll, ihm geblieben sind.

Wieder einmal werden die Gefangenen durchsucht. Seltsam, dass immer wieder irgendetwas bei ihnen gefunden werden kann, das dann ohne Rücksichtnahme auf einen großen Haufen geworfen wird. Dort landen jetzt auch Martins Bücher.

Er presst die Lippen zusammen, weil ihm die Tränen kommen wollen. Wie unter Zwang geht er, als die Wachtposten abziehen, zu dem Haufen. Das Gebetbuch hat er bereits in der Tasche. Als er sich nach dem anderen Bändchen bücken will, fällt sein Blick auf eine Frauengestalt in Uniform, die russische Lagerärztin, und er sieht, dass sie ihn beobachtet. Aber auch ein Wachtposten, der sich noch einmal umdreht, sieht, dass er sich an dem Haufen zu schaffen macht, und ehe Martin begreift, was ihm geschieht, schmettert ihn ein Faustschlag zu Boden, und er verliert die Besinnung.

Als er nach Stunden – oder Tagen? Er kann es nicht abschätzen – die Augen öffnet, weiß er nicht, wo er ist.

Er sieht weiß gekalkte Wände, auf die dämmeriges Licht durch ein mit Decken verhängtes kleines Fenster fällt.

Der Kopf schmerzt ihn, und gerade will er die Augen wieder schließen, als sich die Tür öffnet und die russische Ärztin eintritt.

»Es wird Zeit, dass Sie wieder zu sich kommen«, sagt sie in einem seltsam kehlig klingenden Deutsch. Und dann überreicht sie ihm zu seiner Überraschung das Rilke-Bändchen.

»Ich liebe diesen deutschen Dichter«, mehr sagt sie nicht dazu.

Martin befindet sich im Krankenrevier. Die Ärztin hat ihn dort aufgenommen, nachdem er sich nach dem Schlag des Wachtpostens nicht mehr gerührt hat.

Er hat eine schwere Gehirnerschütterung davongetragen.

Wochen vergehen. Immer noch liegt er im Revier. Die Wunde am Bein ist wieder aufgebrochen, aber unter der Pflege der Ärztin erholt er sich dann rasch.

Oft hat er mit Olga Broneskawa gesprochen und auch von daheim erzählt, von dem Wald, in dem er jagte, von den Feldern, die nun der alte Vater allein bestellen muss, von der Mutter, für die es eigentlich an der Zeit wäre, die Hände in den Schoß zu legen und die Arbeit einer Jüngeren zu überlassen, und von Ursula.

Auch die Ärztin hat dann zu berichten begonnen, und Martin hat gespürt, dass sie ihm zugetan ist, weil er sie an ihren Bruder erinnert, von dem sie vermutet, dass er in deutscher Gefangenschaft sei.

Wahrscheinlich hofft sie, dass auch er in Deutschland gut behandelt wird, wenn sie ein Gleiches hier tut.

Vielleicht kommt der Bruder ja bald heim, denn der Krieg ist mittlerweile beendet. Durch sie erfährt Martin, dass die Waffen schweigen und dass Deutschland kapituliert hat.

9

Ja, der Krieg ist aus, Deutschland ist besiegt. Klemens Pacher ist zwei Tage vor dem Ende nachts nach Hause gekommen, hat seine Uniform verbrannt und seine Bauernkleider angezogen. Er hat Glück gehabt und ist noch einmal davongekommen, wie er so oft in seinem Leben. Der Krieg hat sein rechthaberisches Wesen nicht abgemildert, ganz im Gegenteil.

Ein herrlicher Sommer geht über das Land. Das Leben geht weiter, und die, die wieder heimgekommen sind, packen es auf ihre Weise an. Andere gehen wieder dort hin, wo sie eigentlich hingehören: die Fremdarbeiter.

Auf dem Roßkoglhof kommt es nicht zu Plünderungen, wie es dem einen oder anderen der Bauern in der Gegend bei dieser Gelegenheit geschieht, denn sie wurden von Ferdinand und Antonia immer gut behandelt.

Klemens Pacher entwickelt ein eifriges Interesse für all das, was herrenlos in der Gegend herumliegt. Waffen und Munition, die massenweise in den Wäldern liegen, lassen ihn kalt. Aber hinter dem Thomasberg stehen in der Mulde ein paar Lastwagen und ein offener Kübelwagen. Der Kübelwagen befindet sich am dritten Tag nach Kriegsende bereits im Roßkoglstadel, mit Heu zugedeckt. Alsbald geht Klemens daran, die Räder von den Lastwagen abzumontieren und die Motoren auszubauen. Bis andere auf den Gedanken kommen, sich auch einiges zu sichern, hat Klemens die Wagen bereits abgewrackt.

Kopfschüttelnd sieht der Roßkogler diesem Treiben zu. Er versteht die Welt nicht mehr. Lachend erklärt Klemens ihm:

»Was willst du denn? Die Sachen sind in der nächsten Zeit Geld wert. Wenn ich sie nicht hole, dann tun es andere.«

Und der Roßkogler lässt seinen Sohn gewähren, zumal der Klemens sich auch ganz wild in die Bauernarbeit stürzt. Er verfolgt damit ein bestimmtes Ziel. Es ist jetzt seiner Meinung nach nämlich an der Zeit, dass ihm der Vater den Hof übergibt. Also bemüht sich darum, seine Fähigkeiten zu beweisen und sein aufbrausendes Wesen zu zügeln. Wenn Ferdinand ihn in irgendeiner Sache maßregelt, beißt er die Zähne zusammen und senkt die Lider halb über die Augen, damit man die darin verborgene Ungeduld nicht sehen kann. In Wirklichkeit brennt alles in ihm vor Ungeduld und Verlangen, endlich hier Herr sein und nach seinem eigenen freien Willen schalten und walten zu können.

Magdalena Burgstaller, die Tochter des Schroffenbauern, hat ihren Anteil an dieser Mäßigung. Sie hat ihm zugeredet, nicht ungeduldig zu werden, wenn sein Vater vom Übergeben noch nichts wissen will. Es sei nun einmal so, dass es allen Alten schwer falle, abzutreten.

»Hast du überhaupt mit deinen Eltern schon einmal ernsthaft darüber gesprochen, dass wir heiraten wollen?«, fragt sie ihn eines Tages.

»Das wissen sie doch schon lange.«

»Ich meine, ob du ihnen gesagt hast, dass du nun nicht länger allein bleiben willst. Manchmal kommt es mir nämlich vor, als wäre es dir gar nicht so eilig mit dem Heiraten.«

Klemens schaut sie zuerst verdutzt an, dann lacht er. »Da kannst du Recht haben, Magdalena. Es ist doch auch so ganz schön. Man muss nicht gleich das Fangeisen am Finger haben, wenn man glücklich sein will.«

Magdalena Burgstaller steht auf und hat eine strenge Falte zwischen den Augenbrauen.

»Ach so, meinst du? Nein, Klemens, so haben wir nicht gewettet. Ich hätte nicht auf dich warten müssen. Aber ich habe es getan, weil ich dich liebe, mit all deinen Fehlern.«

Erstaunt zieht er die Augenbrauen hoch. »Welche Fehler? Was passt dir denn nicht an mir?«

»Oh, da gibt es so einiges, mit dem ich nicht einverstanden bin, aber wenn man jemanden wirklich liebt, sind das keine Dinge, die ins Gewicht fallen. Und ich mag auch deinen Vater und deine Mutter. Ich gehe mit Freuden auf den Roßkogl, aber ewig werde ich nicht darauf warten.«

»Aber wenn ich vom Heiraten rede, dann sagt der Vater: Du kannst schon heiraten, aber den Hof gebe ich noch nicht aus der Hand. Was bin ich dann dort? Ein besserer Knecht und du eine bessere Magd. Ich glaube kaum, dass das im Sinne deines Vaters ist.«

Seufzend wendet sich Magdalena ab.

»Freilich nicht. Aber ich glaube, dass dein Vater nachgibt, wenn du ihn davon überzeugen kannst, dass du ein richtiger Bauer bist und er dir den Hof ohne Sorgen anvertrauen kann. Red einmal in aller Güte mit ihm und nimm dich ein bisschen zusammen, stoß ihn nicht gleich vor den Kopf, wenn er nicht sofort einverstanden ist.«

Also nimmt sich der Klemens zusammen und tut nichts mehr eigenmächtig.

Nach einigen Wochen, an einem Sonntag nach dem Essen, als sie ganz allein in der Stube sitzen, packt Klemens es an.

»Wie sieht es aus, Vater«, beginnt er, »hättest du etwas dagegen, wenn im Herbst die Burgstaller Magdalena und ich heiraten?«

Umständlich zündet sich der Roßkogler seine Pfeife an. »Ich habe dir schon einmal gesagt, dass ich gegen die Magdalena nichts einzuwenden habe. Eine Bessere könntest du gar nicht kriegen.«

»Ja, und sie kommt gerne zu uns auf den Roßkogl.«

»Kunststück. Wer soll auf den Roßkogl nicht gern herkommen! Es ist doch der schönste Platz weit und breit.«

»Ja, aber als Magd? Weißt du, Vater, als Magd, das kann man ihr doch nicht gut zumuten. Und das wäre auch ihrem Vater gar nicht recht.«

»Als Magd? Wer sagt denn, dass sie als Magd herkommen soll? Als Bäuerin doch.«

»Ja, aber das müsste man schon schriftlich haben.«

Der Alte nimmt die Pfeife aus dem Mund. Dann pfeift er durch die Zähne. »Ah, daher weht der Wind. Übergeben soll ich dir? Hat sie das zur Bedingung gemacht?«

»Das nicht. Aber sie hat gemeint, du würdest schon nachgeben, wenn du siehst, dass ich ein richtiger Bauer bin.«

»So, hat sie das gemeint?«, fragt der Roßkogler.

»Ja, und du musst doch selber zugeben, dass ich mich in letzter Zeit um die Arbeit und alles gut gekümmert habe.«

Der Bauer hängt seine Pfeife an den Nagel an der Wand und steht auf.

»Das muss ich zugeben, ja. Hoffentlich bleibt das auch so. Also, pass auf, so rundweg will ich dir es nicht ablehnen, aber ein paar Mal will ich schon noch darüber schlafen, und die Mutter will ich auch noch fragen, was sie dazu meint.«

An diesem Abend trifft der Roßkogler beim Wirt den Schroffer-Bauern. Sie sitzen zwar nicht an einem Tisch, aber als der Schroffer bezahlt und sich zum Heimgehen anschickt, tut der Roßkogler das Gleiche. Draußen treffen sie sich und bleiben dann auf der Brücke stehen, wo der Burgstaller abzweigen muss.

»Weil es sich grad so schön trifft«, beginnt der Roßkogler das Gespräch, »mein Bub und deine Magdalena möchten heiraten.«

»Das ist mir durchaus nichts Neues, und zu früh ist es auch nicht mehr. Nicht dass meine Magdalena noch eine alte Jungfer wird.«

Der Burgstaller ist ein Mann von trockener, etwas bissiger Art, aber nicht bösartig. Er fügt noch hinzu: »Was meine Magdalena an deinem Sprössling so Großartiges findet, habe ich nie verstanden. Sie hätte genug andere haben können.«

Das wurmt nun den Roßkogler auch wieder, und er kann, wenn es sein muss, nicht weniger patzig sein.

»Nach dem Roßkogler schlecken sich auch zehn andere die Finger ab. Herbitten tun wir keine. Im Übrigen denke ich, dass das Sache der jungen Leute ist. Die beiden möchten schließlich heiraten, nicht wir zwei. Und wenn es nun dazu kommen soll, dann möchte ich von dir in aller Offenheit wissen, was du deiner Tochter mitgeben willst.«

Der Burgstaller lehnt sich an das Brückengeländer und schaut zu den Sternen hinauf. Dann sagt er, als ob er sich darüber schon längst klar wäre: »Sechzigtausend Mark in bar, eine Kuh und die ganze Einrichtung für die Küche.«

»Hm«, macht der Roßkogler und kramt in seiner Tasche nach Streichhölzern. »Die Kuh und die Kücheneinrichtung gehen in Ordnung. Deine sechzigtausend Mark kannst du dir an den Hut stecken.«

»Was?«, fragt der andere verblüfft. »Sechzigtausend sind dir zu wenig?«

»Jawohl, weil du für die sechzigtausend Mark im nächsten Jahr vielleicht nur noch einen Putzlumpen kriegst. Mit unserem Geld ist nicht mehr viel Staat zu machen, leider.«

»Ja, was möchtest du denn dann?«

»Einen Holzplatz, einen schöngestandenen Holzplatz mit gutem Holz drauf, so an die vier bis fünf Hektar.«

»Du bist ja verrückt geworden.«

»Kann sein. Aber wir haben verrückte Zeiten, da bin ich lieber ein bisschen verrückt als dumm.«

»Dann brauchen wir gar nimmer weiterzureden«, meint der Burgstaller und wendet sich ab, bleibt dann aber noch einmal stehen und fragt: »Gesetzt den Fall, ich würde auf den Wahnsinn eingehen, wie wär's dann, würdest du übergeben, dass meine Magdalena dann wirklich Roßkoglbäuerin ist und nicht bloß Magd?«

»Darüber kann man schon reden. Geh jetzt heim und überleg dir einmal alles in Ruhe. Und wenn du meinst, dass es so gemacht werden kann, wie ich es dir gesagt habe, dann komm am nächsten Sonntagnachmittag mit deiner Magdalena zu uns. Gute Nacht, Burgstaller.«

Der andere gibt keinen klaren Gruß zurück, brummt nur etwas und verschwindet in der Dunkelheit.

Der Roßkogler sagt daheim gar nichts von dieser Unterredung und ist gespannt auf den kommenden Sonntag. Als er seinen Mittagsschlaf gemacht hat, setzt er sich hinaus auf die Hausbank und wartet. Um halb drei Uhr will er es schon aufgeben. Aber kurz darauf sieht er die zwei nickenden Köpfe der Burgstallerschen Goldfüchse über dem Hügel auftauchen.

Ein Lächeln der Genugtuung spielt um seinen Mund. Dann steht er auf und ruft in den Hausflur: »Stell Kaffeewasser auf, Antonia. Der Burgstaller kommt mit seiner Tochter.«

Was an diesem Nachmittag zwischen den beiden Vätern ausgehandelt wird, hat Hand und Fuß. Die Magdalena soll fünf Hektar Holzplatz als Mitgift bekommen, und der Roßkogler erklärt sich dafür bereit, den Hof zu übergeben. Dieser Entschluss fällt ihm nun gar nicht mehr so schwer, als er sieht, was für ein prächtiges Mädchen diese Magdalena ist.

Und während nun die Männer den Stall und die anderen Gebäude des Hofes besichtigen, wird

Magdalena von Antonia durch alle Kammern des Hauses geführt.

»Es ist ja nun nicht so, Mutter«, sagt Magdalena während des Rundgangs, »dass ich dich mit einemmal vom Herd wegdrängen möchte. Bleib ruhig das, was du bisher warst, solange es dir Freude macht. Ich mache auch andere Arbeit gern.«

»Nein, nein«, lächelt Antonia zurück. »Wenn es schon sein soll, dann muss alles seine Richtigkeit haben. Zwei Bäuerinnen auf einem Hof, eine junge und eine alte, das tut nicht gut. Mir wäre es damals sicher auch nicht recht gewesen, wenn immer eine alte Roßkoglerin um mich herumgestanden wäre. Und außerdem – ich habe genug gearbeitet im Leben. Soll ich nicht noch ein paar geruhsame Jahre haben? Schau her, Magdalena, das ist der Brautschmuck von der Urgroßmutter meines Ferdinand.« Sie hebt eine Glashülle hoch, damit Magdalena den Schmuck besser besichtigen kann. »Was die Goldschmiede damals schon für eine schöne Arbeit gemacht haben! Im Übrigen, dass ich nicht vergesse, ich will dir noch dafür danken, dass du den Klemens ein bisschen gezähmt hast. Er ist bei weitem nicht mehr so unvernünftig und jähzornig wie früher.«

»Er ist halt auch älter und vernünftiger geworden«, versucht Magdalena das Lob von sich zu weisen.

»Nein, nein, du hast schon einen guten Einfluss auf ihn ausgeübt, das lasse ich mir nicht nehmen. Gebe es Gott, dass es so bleibt.«

Es dämmert schon, als die Burgstallers wieder heimfahren. Als die Magdalena schon auf dem Gefährt sitzt, fällt ihr noch ein: »Wo ist denn eigentlich die Ursula, die hat sich ja heute gar nicht sehen lassen?«

»Die Ursula ist dieses Jahr zum ersten Mal auf die Alm gezogen. Weißt du, der Tod vom Martin hat sie schwer getroffen. Sie möchte alleine sein.«

»Ja, das kann ich mir gut vorstellen. Der Martin war ein lieber Mensch. Also – schönen Dank für den guten Kaffee und für die freundliche Aufnahme.«

Langsam rollt das Gefährt aus dem Hof. Die drei Pacher winken dem Besuch nach, bis er über die Bodenwelle verschwindet.

Nun wird die Hochzeit vorbereitet, und die Wochen bis zu ihr gehen schnell dahin. Der Herbst kommt, und Ursula bringt das Vieh von der Alm zurück. Das Vieh ist gut gepflegt und fett, Ursula dagegen hat hohle Wangen. Sie ist braun gebrannt von der Sonne dieses gesegneten Sommers, aber der innere Gram hat sichtbar an ihr genagt.

Als das Vieh untergestellt, die Glocken wieder auf den Dachboden gebracht und die Einnahmen der letzten Monate verrechnet sind, geht Ursula in die gute Stube, in der Martins Bild in einem geschnitzten Rahmen hängt. Über die linke Ecke ist ein Trauerflor gespannt, rechts steckt ein Sträußchen Immergrün. Und als sie so davor steht und sich in die geliebten Züge vertieft, hat sie wieder das Gefühl, dass Martin gar nicht tot sein kann. Eine innere Stimme sagt ihr, dass er noch lebt. Mit Eifer hat sie in letzter Zeit die Nachrichten gesammelt, wonach Totgesagte plötzlich doch heimgekommen sind. Aber sie behält diese Gedanken für sich.

Drei Tage nach ihrer Rückkehr von der Alm bekommt sie Besuch von der Langeneckerin. Sie kann sich denken, warum Anselms Mutter kommt; er schickt nun die Mutter vor, weil ihm selber der Mut fehlt.

Sie sitzen sich in der guten Stube gegenüber, die junge und die alte Frau. Die Augen der Alten weichen keinen Augenblick von der Gestalt des Mädchens. Ihre Stimme ist dünn und heiser.

»Hör zu, Ursula«, sagt sie. »Mein Sohn meint, dass er ohne dich nicht leben kann. Dann mach doch bitte, dass er leben kann. Er ist ja so zu bedauern mit seinem verlorenen Bein. Schenk ihm halt du ein bisschen Glück.«

Ursulas dunkle Pupillen werden größer. Sie schweigt, sie überlegt. »Ich weiß nicht, Langeneckerin, ob es ein Glück werden könnte. Ich habe ja einen anderen in meinem Herzen.«

»Das hat mir der Anselm schon erzählt. Aber willst du dein Leben lang einem Toten nachtrauern? Dazu bist du noch viel zu jung. Und zu uns muss eine neue Kraft kommen. Schau mich an –«, sie streckt die von Gicht und Rheuma gekrümmten Hände vor, »– ich bin ja zu nichts mehr gut. Und der Anselm hat an nichts mehr Interesse, seit du ihn abgewiesen hast. Er sitzt stundenlang da und starrt in eine Ecke, hat zu nichts mehr Lust. Das ganze Anwesen verkommt noch. Aber du könntest ihm helfen – nur du allein.«

Ursula ist von dem Ausbruch mütterlicher Sorge tief berührt. In Gedanken sieht sie den jungen Mann daheim sitzen und ängstlich warten, was die Mutter ihm nun für einen Bescheid bringt. Unwillkürlich geht ihr Blick wieder zu dem umflorten Bild an der Wand. Als ob die Langeneckerin ihre Gedanken fühlen kann, sagt sie jetzt: »Den Toten soll man ein gutes Andenken bewahren, aber man soll auch ans Leben denken.«

»Ich bin mir nicht sicher, ob er tot ist«, antwortet Ursula leise.

»Mach dir da keine Illusionen. Ich verstehe dich gut, du wehrst dich gegen den Gedanken, aber der Federl Alois von Lenggries hat es doch mit eigenen Augen gesehen. Der Anselm ist letzte Woche beim Alois gewesen und hat ihn ganz genau befragt. Ursula, lass mich doch nicht ganz ohne Hoffnung von dir gehen. Sag mir wenigstens, dass du es dir noch überlegen willst. Sag mir, dass unser Bub manchmal zu dir kommen darf. Es würde so viel für ihn bedeuten.«

Ursula fühlt Mitleid mit der Mutter, die sich solche Sorgen um ihren Sohn macht.

»Von mir aus darf er gerne kommen«, sagt sie. »Freilich, zusagen kann ich ihm nichts. Es schmerzt mich alles noch viel zu sehr, als dass ich auch nur daran denken könnte, einen anderen zu heiraten.«

»Vergelt's dir Gott, Ursula. Bis in meine letzte Stunde hinein will ich dir es danken. Schau, er ist ja geradezu krank vor Sehnsucht nach dir.«

Bereits am Sonntag darauf kommt Anselm. Er erwartet keine Zärtlichkeit; es tut ihm schon gut, dass Ursula mit ihm am Tisch sitzt, dass sie ihm Kaffee auftischt und mit ihm redet. Die Eltern sehen das Kommen und Gehen des Anselm nicht ungern, sie meinen, dass Ursula dadurch aus ihrer Trauer um Martin ein wenig herauskommt. Insgeheim hoffen sie, dass die Ursula es sich mit der Zeit doch überlegen wird und dass vielleicht die bevorstehende Hochzeit des Klemens in ihr den Wunsch wachruft, selber einem Hof vorzustehen, Bäuerin zu sein und Kinder zu haben.

So rückt die Zeit immer näher. An einem Samstag fährt auf dem Roßkogl ein reich geschmückter Wagen vor, und die Brautkuh wird in den Stall gestellt. Am Montag darauf soll die Hochzeit sein, die erste im Tal nach dem Krieg. Klemens hat in den Tagen vorher viel zu fahren und zu handeln. Es soll ja keine Hochzeit sein, von der die Leute hungrig wieder nach Hause gehen. Für zwei Lastwagenreifen kann man um diese Zeit vieles erwerben, und der Klemens versteht das Geschäft, als wäre er niemals Bauer, sondern immer nur Händler gewesen.

Der Form halber müssen die geladenen Hochzeitsgäste zwar Fleischmarken für hundert Gramm mitbringen. Die Weißwürste aber, die es gleich nach der Kirche gibt, mögen allein schon an die 200 Gramm wiegen, ganz abgesehen vom Schweinebraten am Mittag und der kalten Platte am Abend. Plötzlich ist auch Wein auf dem Tisch, und die Achtung der Leute vor dem noblen Hochzeiter wächst, und sie fragen nicht lange, wo er diesen Wein hergezaubert hat.

Ja, es geht lustig zu bei dieser Hochzeit, und manches Leid wird vergessen.

Drei Gläser Wein hat Anselm trinken müssen, bis er den Mut in sich spürt, die Ursula zu einem Tanz aufzufordern.

Doch schon nach den ersten Schritten merkt Ursula, dass das Tanzen keine gute Idee war. Anselm ist mit seiner Prothese nicht sicher genug auf den Beinen, und bei jedem falschen Schritt beißt er die Lippen vor Schmerz zusammen. Nach dem ersten Walzer stehen ihm die Schweißtropfen auf der Stirn, und Ursula bittet ihn, dass sie sich wieder niedersetzen möchten. Ihm stehen plötzlich die Tränen in den Augen.

»Zu nichts mehr bin ich nutze«, stammelt er.

»Tanzen ist nicht das Wichtigste im Leben«, versucht Ursula ihn zu trösten.

»Für mich nicht, aber für dich vielleicht, Ursula. Du bist noch so jung und hast noch wenig Vergnügungen gehabt in deinem Leben. Wenn ich doch wenigstens einen Arm verloren hätte und nicht ein Bein.«

»Versündige dich nicht, Anselm. Die Arme braucht man genauso notwendig wie die Beine.«

»Ja, oder wenn ich gleich ganz tot gewesen wäre. Ursula, wenn ich deine Freundschaft nicht hätte, ich weiß nicht, ob ich mir nicht schon längst etwas angetan hätte.«

Ursula erschrickt und zieht wie in einem Frösteln die Schultern ein.

»Anselm, das darfst du nicht sagen. Komm, gehen wir an die frische Luft. Ich glaube, du hast ein bisschen zu viel getrunken.«

Nebelfeucht ist die Nacht. Man kann kaum zehn Schritte weit sehen, und die Straßenlampen hängen wie Glühwürmchen hinter grauen Schleiern. Bei jedem Schritt quietscht die Prothese in den Scharnieren, aber Ursula gibt sich Mühe, gleichen Schritt mit ihm zu halten. Und so schreiten sie langsam durch die Nacht, Hand in Hand, und Anselm sagt in tiefer Glückseligkeit: »Wenn mich deine Hand immer so führen würde, Ursula, dann hätte mein Leben einen Sinn, und ich könnte wieder lachen lernen.«

Ursula denkt über seine Worte nach, und ihr kommt in den Sinn, dass es doch eine schöne Aufgabe wäre, so einem geschlagenen Menschen Lebensfreude und Lachen zu schenken. Seit heute hat sich ihr Leben irgendwie verändert. Sie ist wohl noch die Tochter vom Roßkoglhof, aber ab morgen doch nur noch die Magd neben einer jungen Bäuerin.

»Ich finde, du nimmst alles zu schwer, Anselm«, sagt sie nach einer Weile.

»Meinst du?«, fragt er zurück und drückt ihre Hand fester. »Ich nehme es nicht schwerer, als es ist, Ursula. Aber ich bin halt so, wie ich bin, und kann nicht raus aus meiner Haut.«

»Ja, Anselm«, antwortet sie, und ihr ist, als könne es gar nicht anders sein, als mit ihm durch die Nebelnacht zu gehen. Und bevor sie wieder in den matten Lichtkreis einer Straßenlampe kommen, beugt sie sich seinem Gesicht entgegen und küsst ihn; ganz schnell und wie in Angst. Dann fasst sie wieder seine Hand und führt ihn den Weg zurück ins Wirtshaus. Diesmal aber gehen sie nicht mehr in den Saal, sondern sitzen im kleinen Nebenzimmer vor einem Glas Wein. Anselm ist gesprächiger geworden. Auch Ursula fühlt sich seit langem wieder einmal froh und verspricht ihm, am nächsten Sonntag zu ihm auf seinen Hof zu kommen.

Drei Tage nach dieser Hochzeit fahren die Roßkogler, die alten und die jungen, nach Tölz zum

Notar. Irgendwie hat Klemens es fertig gebracht, die Genehmigung für den Kübelwagen zu erhalten. Beim Militär hat man ihm auch das Autofahren beigebracht. Und so braust er auf der holprigen Straße dahin, dass es nur so staubt.

»Fahr nicht so schnell«, sagt Ferdinand Pacher einmal. »Deine Mutter wird sich noch erkälten von dem Fahrtwind.«

Klemens, voll Begeisterung für das Autofahren und den Rausch der Geschwindigkeit, hört es gar nicht. Erst als ihm seine junge Frau, Magdalena, die Hand auf den Arm legt, verlangsamt er das Tempo.

Den Alten bewegen seltsame Gedanken. Er erinnert sich an den Tag, da er mit seinen Eltern zum Notar gefahren ist, und es kommt ihm wie eine Ewigkeit vor, seit er seine Unterschrift unter das Dokument gesetzt hat, das ihn zum Roßkoglbauern machte.

»Weißt du noch, Ferdl, wie wir damals zu Fuß heimgegangen sind von Birkenstein?«, fragt Antonia in sein Sinnen hinein.

Unter der Wolldecke fasst er nach ihrer Hand. »Das war damals eine schöne Zeit, Antonia.«

»Unsere schönste Zeit kommt erst jetzt, Ferdl.«

»Hoffentlich.«

»Ich habe Vertrauen zur Magdalena«, spricht Antonia leise weiter. »Bei ihr wird es uns an nichts fehlen, und sie hat auch den Klemens fest in der Hand.«

»Wenn man Vertrauen haben kann, ist es gut. Aber noch besser ist etwas Schriftliches.«

Für zehn Uhr sind sie im Notariat vorgeladen, und sie müssen, als sie ankommen, gar nicht mehr lange warten. Der Notar hat schon alles vorbereitet, und da auch Ferdinand Pacher seine Bedingungen schriftlich niedergelegt hat, geht alles sehr schnell.

Klemens hört sich ruhig an, was er den Eltern zu geben habe. Da ist neben freier Wohnung im Austragshäuschen die volle Verpflegung; ferner drei Klafter Holz, klein gemacht, pro Jahr. An Handgeld hat er den Eltern monatlich hundertfünfzig Mark zu geben. Eine Bagatelle, denkt Klemens, weil man ja in dieser Zeit schon so viel für ein halbes Kilo Butter bekommt auf dem schwarzen Markt.

Sein Gesicht verzieht sich erst, als der Vater erklärt, dass er den Stängerwald noch für sich behalten will und dass diese sechs Hektar Wald erst nach seinem und Antonias Tod auf Klemens zurückfallen werden.

»Warum denn das?«, fragt Klemens, und man sieht ihm an, dass er sich nur mühsam beherrscht.

»Weil man nie weiß, was für Zeiten kommen«, antwortet der Alte.

»Mir kommt das wie ein Misstrauen vor«, meint Klemens.

»Das dürfen Sie nicht sagen«, mischt sich der Notar jetzt ein. »In letzter Zeit werden solche Bedingungen häufig gestellt. Im Übrigen ist es ja nur eine Formsache, denn Ihr Vater sagt ja, dass der Besitz nach seinem Tode doch an Sie fällt.«

»Na, dann in Gottes Namen«, brummt Klemens. »Dann haben wir es jetzt also?«

»Bis auf eine Kleinigkeit«, lächelt Ferdinand Pacher. »Du hast vergessen, dass du auch noch eine Schwester hast.«

»Die wird ihren Anteil schon kriegen, falls sie heiratet.«

»Die muss ihren Anteil auch bekommen, falls sie nicht heiratet.«

»Dann wird sie sowieso bei uns bleiben, und ich zahle ihr guten Lohn.«

»Nichts da! Es darf nicht einer alles haben und der andere überhaupt nichts«, erklärt der Alte. Und sich an den Notar wendend, fährt er fort: »Die Ursula Pacher, unsere Tochter und seine Schwester, hat fünf Hektar schlagbares Holz zu kriegen, ob sie heiratet oder nicht. Im Falle ihrer Verheiratung muss sie noch eine Kücheneinrichtung und eine Kuh kriegen. Sollte sie ledig bleiben, hat sie Wohnrecht auf dem Hof, so lange sie lebt. Für diesen Zweck sind zwei Kammern für sie herzurichten.«

Klemens schiebt wütend den Unterkiefer vor und bemerkt spitz. »Da bleibt für uns zwei nicht mehr viel übrig, Magdalena.«

Der Alte fährt sich mit gespreizten Fingern durch das weiße Haar. »Eine Kleinigkeit schon«, lächelt er und schaut seine Schwiegertochter an, die seinen Blick verständnisvoll erwidert. »Die Kleinigkeit von hundert Hektar Wiesen und achtzig Hektar Wald bleibt euch immer noch. Außerdem dreißig Stück Vieh und alles, was sonst zum Hof gehört. Ich denke, dass sich mit dem ganz schön wirtschaften lässt. Ich habe seinerzeit mit viel weniger anfangen müssen. Du darfst auch nicht vergessen, dass dir die Magdalena ganz schön was in die Ehe mitgebracht hat.«

»Das wird auch ganz gut sein«, sagt jetzt Klemens etwas ruhiger und in der stillen Hoffnung, dass nun nichts mehr nachkommen wird. Es kommt auch nichts mehr nach, und der Übergabevertrag wird unterschrieben.

Auf der Heimfahrt schaut Klemens eine Weile ganz verbissen vor sich hin. Magdalena bemerkt seine Verstimmung und legt ihm die Hand aufs Knie.

»Freust du dich denn gar nicht, Klemens, dass du jetzt Bauer bist?«

Da erst kommt es ihm so richtig zum Bewusstsein, dass er seit einer halben Stunde Bauer und Herr ist auf einem der schönsten Höfe in der Jachenau. Es wird schon alles recht werden, denkt er und hält vor der »Alten Post« in Lenggries.

»Ein bisschen müssen wir das schon feiern«, sagt er. »Jetzt gehen wir Mittagessen, heute geht alles auf meine Rechnung.«

Wehmütig schaut Ferdinand Pacher sich in der getäfelten Gaststube um und denkt dabei an seine tollen Jahre, in denen er so manche Nacht hier durchzecht hat.

Hier in Lenggries ist es auch gewesen, wo man ihm in einer Regennacht das fremde Kind in den Wagen gelegt hat.

Unter dem Tisch fasst er nach Antonias Hand und sagt: »Ach ja, jetzt sind wir alt geworden, Antonia.«

Es lässt sich alles viel besser an, als Ferdinand Pacher es erwartet hat. Klemens klemmt sich ernsthaft hinter seine Aufgaben. Da Dienstleute rar sind, muss er selber fest mit anpacken. Er tut es ohne Murren, und wie ein guter Geist lenkt ihn seine junge Frau, ohne dass er es merkt.

Die Alten leben im Austragshäuschen. Es ist aber nicht so, dass Ferdinand Pacher sich nun den ganzen Tag auf die faule Haut legt. Er spaltet sein Brennholz selbst, richtet die Werkzeuge her, passt da und dort einen neuen Stiel ein, bessert Rechen aus und schaufelt Schnee, den es um die Weihnachtszeit fast einen Meter hoch herwirft. Auch Antonia springt immer wieder ein und hilft im Haushalt, lehrt die junge Bäuerin noch dies und das und fühlt immer mehr eine tiefe mütterliche Zuneigung zu ihrer Schwiegertochter, die ihr jeden Wunsch von den Augen abliest. Nur für die Ursula ist eine andere Lage entstanden. In ihr erblickt Klemens vom ersten Tag an nicht mehr die Schwester, sondern die Magd. Sie kann nicht mehr selbst über ihre Arbeit mit entscheiden, sondern muss das tun, was Klemens ihr aufträgt. Er bezahlt sie und will dafür etwas geleistet sehen.

Klemens hat auch nicht vergessen, dass er der Schwester fünf Hektar schlagbaren Wald geben muss. Das wurmt ihn, und manchmal, wenn er mit Ursula allein ist, lässt er sie seinen Ärger spüren.

»Muss ich dich um Erlaubnis fragen, wenn ich im nächsten Jahr am Söchten droben Holz schlagen will?«, fragt er einmal.

»Der Söchten gehört nicht mir«, antwortet Ursula. »Mir gehört, soviel ich weiß, der Schachewald.«

»Der Söchtenwald grenzt aber daran, und wenn ich ihn abschlage, hast du im nächsten Jahr Windwurf.«

»Ich weiß nicht, da muss ich den Vater fragen. Aber ich glaube, das darfst du dann nicht.«

Klemens lächelt spöttisch. »Wer kann mir was dreinreden? Bauer bin ich am Hof und sonst niemand.«

Das sind nur Kleinigkeiten. Ursula sitzt jeden Abend bei den Eltern, und das passt ihm nicht, weil er sich einbildet, da würde nur über ihn geredet. So sucht er jede Gelegenheit, der Schwester eins auszuwischen, und das macht er, indem er ihr die niedrigsten Arbeiten zuteilt.

So kommt es, dass sich Ursula schon die ganze Woche darauf freut, am Sonntag Anselm zu treffen. Meist geht sie zu ihm nach Langeneck, und es bleibt nicht aus, dass sich zwischen den beiden immer mehr Zuneigung entwickelt. Anselm fühlt, dass Ursula unter den veränderten Verhältnissen daheim zu leiden hat. Und allmählich ist es so, dass nicht mehr er es ist, der sich an ihr aufrichtet und Kraft holt, sondern dass sie es ist, die sich bei ihm geborgen fühlt.

Es ist nicht die große, leidenschaftliche Liebe, die sie einst Martin geschenkt hat, aber es ist eine ehrliche Zuneigung, gepaart mit Vertrauen und Respekt. Sie weiß, dass das Schicksal jetzt bei ihr anklopft. Hier kann sie Bäuerin sein, und hier kann sich der Sinn ihres Lebens erfüllen.

Um Lichtmess herum gibt sie dem Anselm das Jawort, und es ist ganz in ihrem Sinne, als er vorschlägt, in der Fastenzeit, kurz vor Ostern, in aller Stille Hochzeit zu halten.

Während sich im Tal der Jachen die Dinge so entwickeln, nimmt Tausende von Meilen entfernt auch das Schicksal Martin Pachers eine neue Wendung.

Eines Tages erscheint die Ärztin Olga Broneskawa und sagt ihm, schon morgen komme er zu einem Transport, der nach Deutschland fahre. Nur wirklich Arbeitsunfähige und Schwerkranke sollen entlassen werden.

»Aber ich bin doch gesund!«, meint er zweifelnd.

»Das weiß außer dir aber nur ich«, sagt sie. »Auf deinen Papieren habe ich eingetragen, dass du schwer an Tuberkulose erkrankt bist.«

So steht er denn am nächsten Tag in der Reihe der zu Entlassenden, von denen einige sich kaum auf den Beinen halten können. Nur das Wissen, endlich heimzukommen, hält sie aufrecht.

Ein Stabsarzt geht mit Olga Broneskawa die Reihe entlang, prüft mit verdrossenem Gesicht die Papiere, zögert, als er vor Martin steht, aber die Ärztin sagt ein paar Worte, und er nickt.

Endlich setzt sich der Trupp in Bewegung und wird hinausgeführt vor das Lager, wo auf einem Gleis Güterwagen stehen, mit einer Lok davor, aus deren Schornstein schwarzer Qualm aufsteigt.

In der Tür dreht Martin sich noch einmal um. Er sieht Olga vor der Baracke stehen. Kaum merklich hebt sie die Hand, dann wendet sie sich ab.

10

Der Frühling ist mittlerweile gekommen. Die Sonne reißt zusammen mit dem Föhnwind den letzten Schnee von den Bergen, sodass die Bäche für ein paar Tage hoch anschwellen und das Gemurmel ihrer Wellen durch die Nächte geistert.

An einem solchen sonnigen Tag, es ist ein Samstag, kehrt der alte Roßkogler gerade den Hof und horcht, seine Arbeit unterbrechend, auf den Stundenschlag aus dem Dorf. Er vergleicht seine Taschenuhr und nickt vor sich hin. In einer Stunde trifft er sich mit dem Lehrer und dem Oberförster im Wirtshaus zum Kartenspielen. Das ist jeden Samstag so, seit er Austrägler ist. Er hat sich mittlerweile daran gewöhnt, dass er auch für die anderen Leute der »Alte« ist. Der alte Roßkogler. Am Anfang hat es ihm immer einen leisen Stich gegeben, aber jetzt wünscht er sich, dass er nun auch recht bald Großvater wird.

Als er fertig ist mit seiner Arbeit, trägt er den Besen in den Stall und wäscht sich am Brunnen die Hände. Als er aufschaut, sieht er einen Menschen langsam auf den Hof zukommen, eine graue Gestalt mit einem Bündel in der Hand. Er kneift seine Augen zusammen, um besser sehen zu können. Aber es hilft nicht viel, auch sein Augenlicht hat schon nachgelassen, und er erkennt den Ankommenden erst, als er drei Schritte vor ihm stehen bleibt. Dann aber bekommt er einen Schrecken, wie noch nie in seinem Leben. Ganz leise und mehr für sich flüstert er: »Martin ...?«

Da lächelt die graue Gestalt und kommt auf ihn zu.

»Ja, Vater, ich bin's.«

Immer noch betrachtet ihn der Roßkogler, als ob er ein Gespenst sehen würde; er kann es einfach nicht glauben, dass Martin, der Totgeglaubte, nach so langer Zeit doch noch heimgekommen ist. Doch dieser hagere Mann ist zweifellos Martin, der als ein Flaumbart in den Krieg ziehen musste.

»Willst du mich hier draußen stehen lassen, Vater?«

»Nein, nein, Martin – Bub –«, er presst ihn an seine Brust. »Aber wir meinten, du seist gefallen. Wir haben amtlich Bescheid darüber bekommen.«

»So?«, fragt der Martin und zieht die Brauen hoch. »Ich bin auch so gut wie tot gewesen. Aber ich habe es geschafft, Vater, ich habe überlebt. Ich war bis jetzt in russischer Gefangenschaft. Von dort durfte ich euch nicht schreiben, sonst hätte ich das schon längst getan.«

»Komm jetzt ins Haus«, antwortet der Alte eifrig. »Wie wird die Mutter sich freuen! – Nein, dort hinein. Wir sind im Austrag jetzt, die Mutter und ich. Der Klemens hat geheiratet, musst du wissen.«

In diesem Augenblick erscheint Klemens unter der Haustür. Er erfasst die Situation schneller als der Vater. Es erschüttert ihn in keiner Weise, dass ein Totgeglaubter wieder lebendig auf dem Hof erscheint. Und sofort überlegt er: Jäger braucht man derzeit nicht, also hat er nun einen guten Knecht mehr. Und es ist ganz gut, dass Martin erst jetzt heimgekommen ist, sonst wäre es dem Vater gar noch eingefallen, auch für ihn noch einen Holzplatz zurückzuhalten. Jetzt ist es zu spät dazu. Nicht einen Baum wird er hergeben von dem, was jetzt ihm gehört. Dieser Gedanke stimmt ihn fröhlich, und er sagt überlaut: »Grüß dich, Bruder, willkommen daheim! Komm doch rein zu uns. Die Magdalena soll dir gleich was zu Essen machen.«

»Zuerst muss ich zur Mutter«, antwortet Martin und folgt dem Vater durch die niedere Tür des Austragshäuschens.

»Gut, wie du meinst. Ich komme dann auch hinüber und bringe eine Flasche Wein mit.«

Klemens rennt ins Haus und überrumpelt seine Magdalena gleich mit der Frage: »Rate mal, wer gerade gekommen ist! Aber das kannst du auf keinen Fall erraten, ich sage es dir gleich: Der Martin ist heimgekommen!«

»Wirklich? Der Martin?«

»Drüben sitzt er, bei den Eltern.«

»Der arme Kerl! Vor vierzehn Tagen erst hat die Ursula geheiratet. Das muss ja furchtbar sein für ihn.«

Klemens zuckt mit den Schultern. »Das ist jetzt schon, wie es ist. Er wird sich mit der Zeit schon abfinden. Andere Mütter haben auch schöne Töchter.«

»Ja, du könntest es vielleicht so leicht nehmen an seiner Stelle. Er aber ist ganz anders veranlagt als du.«

Martin hat inzwischen schon von den Eltern von Ursulas Heirat erfahren. Zuerst hat Martin den Eltern von seiner wunderbaren Rettung erzählt, von der Gefangenschaft und wie er durch die Hilfe der russischen Lagerärztin die Entlassung aus der Gefangenschaft erlangt habe. Dann erst fragt er: »Und wen hat der Klemens geheiratet?«

»Die Burgstaller-Magdalena«, antwortet die Mutter, »wir hätten uns keine bessere Schwiegertochter wünschen können.«

»So so, die Magdalena ... Und – was macht die Ursula?« Betretenes Schweigen. Martin sieht, wie der Vater sich verlegen mit den Knöcheln das Kinn reibt und dann die Mutter anschaut. Antonia hat den Blick zu Boden gerichtet, und allmählich begreift Martin, dass mit Ursula irgendetwas nicht in Ordnung ist.

»Was ist mit der Ursula? Ist sie krank?«

Der Vater räuspert sich und füllt umständlich seine Pfeife. »Ja, weißt du«, beginnt er dann zögernd. »Das ist so eine Sache ...«

»Was für eine Sache?«, fragt Martin drängend.

»Wir haben dich doch alle für tot gehalten. Die Ursula hat es am längsten nicht glauben wollen, hat immer gewartet auf dich. Aber dann hat sie keine Hoffnung mehr gehabt, dass du jemals wiederkommst, und hat den Langenecker Anselm geheiratet. Vor vierzehn Tagen erst.«

»Ach so«, sagt Martin und senkt nun auch den Blick zu Boden.

»Weißt du, Bub«, beginnt der Vater, »das Schicksal hat es halt so gewollt. Du wirst sehen, du kommst schon darüber hinweg.«

»Ganz sicher«, antwortet Martin. »Und es ist ja auch so, Vater und Mutter –«

In diesem Augenblick betritt Klemens mit einer schon geöffneten Flasche Wein das Stübchen.

Ihm auf dem Fuße folgt Magdalena, die den Heimgekehrten mit einer so herzlichen Freude begrüßt, dass der Klemens sagt: »Erdrück ihn nicht ganz! Er ist ja nur noch Haut und Knochen, der Martin, den müssen wir erst einmal wieder herausfüttern.«

Dann schenkt er die Gläser voll, und sie trinken auf die glückliche Heimkehr des Totgeglaubten.

Der junge Langenecker hört von der Heimkehr des Martin, als er zwei Kälber zum Postwirt bringt, die geschlachtet werden sollen. Die Nachricht trifft ihn wie ein Schlag, und eine unerträgliche Angst überkommt ihn, die Angst, dass Ursulas Liebe zu Martin wieder aufflammen könnte, dass sie alle, die in dieses unsinnige Schicksal verflochten sind, nun vor einem Abgrund stehen. Anselm nimmt wie betäubt das Geld, das ihm der Metzger hinhält, und lässt ihn, ganz gegen seine Gewohnheit, ohne Gruß stehen.

Der junge Bauer sitzt auf seinem Wägelchen und lässt den Staub der Landstraße um sein Gesicht wehen. Scheu geht sein Blick zum Roßkogl hinauf. Er bildet sich ein, den Heimgekehrten dort sehen zu müssen. Und weil er ihn nicht sieht, packt die Angst ihn wieder, und wie ein Gehetzter treibt er das Pferd an, dass er nur schnell nach Hause kommt.

Mit zitternden Flanken steht dann das Tier im Hof, während Anselm, so schnell es ihm seine Prothese erlaubt, vom Gefährt steigt und ins Haus geht. Er reißt die Stubentür auf und sieht Ursula am Tisch stehen und bügeln. Da erst fällt die Spannung von ihm ab, und er lächelt hilflos.

»Schon zurück?«, fragt Ursula ihn freundlich.

Langsam geht er auf sie zu und nimmt sie in die Arme. »Ursula, alles Glück der Welt bist du mir«, flüstert er.

Verwundert macht sie sich aus seinen Armen frei und schaut ihn an. »Was hast du denn? Du bist ja ganz aufgeregt.«

Wie schwer ist es, ihr zu sagen, was geschehen ist! Langsam nimmt er den Kopf zurück, streckt das Kinn vor und sagt, ohne Ursula anzublicken: »Der Martin ist heimgekommen.«

Stille. Eine atembeklemmende Stille.

Ursulas Blick geht starr zum Fenster hinaus. Sie hört ihren Mann heftig atmen und begreift seine Angst. Um ihren Mund zuckt es schmerzlich. Dann sagt sie: »Das wird für uns beide nichts ändern, Anselm.«

Voller Erleichterung will er sie in die Arme nehmen, aber sie wehrt ihn sanft ab.

»Bitte jetzt nicht, Anselm. Ich muss erst fertig werden mit dem, was du mir gesagt hast. Aber du brauchst keine Angst zu haben, dass ich dir jetzt davonlaufe. Ich bereue jetzt nicht, dass ich dich geheiratet habe, statt weiter auf den Martin zu warten. Es würde kein Weg zurückführen zu unserer damaligen Liebe. Doch aussprechen werde ich mich mit ihm müssen. Er soll nicht glauben, dass ich ihn so leicht vergessen habe.«

»Ursula, ich vertraue dir voll und ganz.«

Und Ursula nimmt sich vor, am nächsten Sonntag zum Roßkogl zu gehen. Aber dazu kommt sie nicht, denn am nächsten Tag erscheint Martin auf dem Langeneckerhof.

Es ist schon etwas spät, alle haben bereits zu Abend gegessen; es sitzen nur noch Anselm und Ursula in der Stube, als man draußen im Flur den fremden Schritt vernimmt. Für Ursula ist er nicht fremd, dieser Schritt, es ist geradeso, als hätte sie ihn über die lange Zeit hinweg in ihrem Gedächtnis aufbewahrt. Nur ganz flüchtig zuckt es um ihren Mund, dann greift sie rasch nach Anselms Hand.

»Sei vernünftig jetzt, Anselm, und vertraue mir.«

In diesem Augenblick wird die Stubentür nach kurzem Klopfen geöffnet, und Martin Pacher tritt über die Schwelle. Fester umklammert Ursula die Hand ihres Mannes. Dann steht sie auf und reicht Martin beide Hände.

Er betrachtet sie mit staunenden Augen. Ist das die Ursula, die er damals hier zurückgelassen hat? Was für Kinder sie damals doch beide gewesen sind. Heute ist Ursula eine erwachsene Frau. Er sieht auf ihren Mund, dann in ihre Augen und lächelt.

Mit Erleichterung stellt er fest, dass es nicht schmerzt, sie als die Frau eines anderen wiederzusehen. Martin hat sich während seiner Gefangenschaft in Russland wieder und wieder gefragt, wie er einmal Ursula gegenübertreten wird. Mit Sehnsucht hat er an sie gedacht und doch gewusst, dass die Zeit ihrer unschuldigen ersten Liebe nicht wiederkommen würde. Der Krieg hat ihn verändert, und auch Ursula ist eine andere geworden.

»Seid mir nicht böse, dass ich so reingeschneit komme.« Sein Blick geht zu Anselm, der fahl und bleich dasitzt. »Aber du wirst verstehen, Anselm, dass ich meine Schwester gern wieder sehen wollte. Ja – und dann –«, er drückt herzlich Ursulas Hände und dann die des verdutzten Jungbauern. »Ich möchte euch gratulieren zum Ehestand. Bin ein bisschen zu spät dran – und ein Geschenk habe ich auch nicht. Aber trotzdem, mein Wunsch kommt von ganzem Herzen.«

Langsam stemmt sich Anselm Langenecker von der Bank hoch.

»Kannst du das wirklich, Martin?«, fragt er zweifelnd. »Uns aus ehrlichem Herzen Glück wünschen?«

Martin sieht ihn an.

»Ja, natürlich. Ich hoffe, dass ihr glücklich seid miteinander.«

Er zögert einen Moment, und dann fährt er fort: »Die Ursula und ich – wir hätten wahrscheinlich ohnehin nicht heiraten können. Ich habe immer wieder darüber nachgedacht. Aber auch wenn wir nicht vom gleichen Blut sind, vor dem Gesetz gelten wir als Bruder und Schwester. Damals ... da habe ich immer gedacht, es wird sich schon alles irgendwie richten. Aber wenn ich mir überlege, wie danach alles gekommen ist, mit dem Krieg und in Russland, und dass ich hier für tot gegolten habe, dann glaube ich, es war der Wille Gottes, der verhindert hat, dass wir in einen Konflikt geraten sind, der uns vielleicht beide ins Unglück gestürzt hätte.« Er schließt mit einem Lächeln: »Und so freue ich mich für euch beide, und ich hoffe, dass ihr lange und glücklich so beieinander bleibt wie jetzt.«

»Freilich, freilich«, schluckt Anselm, und plötzlich schimmert es feucht in seinen Augen. »Martin, du kannst dir gar nicht vorstellen, was mir alles durch den Kopf gegangen ist, als ich gehört habe, dass du zurückgekommen bist!«

Martin nickt. »Das kann ich mir gut vorstellen: Der Rivale kehrt unvermutet nach Hause zurück. Aber ich habe ja gewusst, dass man mich hier für tot halten muss. Ich war darauf gefasst, dass Ursula nicht für den Rest ihres Lebens unverheiratet bleiben würde, um einen Toten zu betrauern. Das Leben muss schließlich weitergehen ... Ich darf mich doch ein bisschen hinsetzen?«

»Ja, setz dich hin, Martin«, sagt Anselm. »Ich hole jetzt eine Flasche Wein aus dem Keller. Deine Rückkehr muss gefeiert werden.«

Als Anselm draußen ist, bricht Ursula, die den beiden Männern bisher wortlos zugehört hat, endlich ihr Schweigen.

»Sei mir nicht böse, Martin. Ich habe ehrlich getrauert um dich, das darfst du mir glauben.«

Martin schüttelt den Kopf.

»Mach dir keine Gedanken, Ursula. Es hat alles seine Bestimmung im Leben, und es hat so kommen müssen, da bin ich mir inzwischen ganz sicher. Bloß eines wollte ich dich noch fragen: Ist er gut zu dir?«

»Der Anselm?«

Martin nickt.

»Ja, Martin, der Anselm ist ein herzensguter Mensch. Ich hätte mir außer dir keinen besseren Mann wünschen können.«

Anselm erscheint mit dem Wein.

»Ursula, bring die schönen Gläser, dass wir anstoßen können.« Es wird ein langer Abend zwischen den dreien. Die beiden Männer sprechen von dem, was sie im Krieg erlebt haben, und Ursula hört still zu. Als sich Martin dann um Mitternacht verabschiedet, begleitet Anselm ihn hinaus. Draußen stehen sie noch eine Weile in der schönen Sternenpracht.

»Was wirst du jetzt anfangen?«, fragt Anselm.

»Ich weiß noch nicht. Heute war ich beim Förster, aber da ist im Moment noch nichts zu machen. Einstweilen bleibe ich auf dem Hof und helfe dem Klemens. Irgendwann wird der Forstbetrieb wieder in vollem Umfang aufgenommen, dann bekomme ich bestimmt meine frühere Stelle wieder.«

»Davon bin ich überzeugt, Martin. Aber an deiner Stelle würde ich mich erst einmal ein paar Wochen erholen.«

»Die Mutter meint das auch, dass ich mich schonen soll, bis sie und Magdalena mich wieder herausgefüttert haben. Na ja, mal sehen, ob ich das länger als ein, zwei Tage aushalte, das Nichtstun, wenn alle anderen arbeiten. Gute Nacht, Anselm!«

»Gute Nacht, Martin! Und schau wieder einmal vorbei.«

Martin hat sich schon abgewandt. Da dreht er sich noch einmal um und zieht den anderen zu sich heran.

»Ich will dir noch etwas sagen, Anselm. Sei immer gut zu der Ursula. Sie verdient es.«

»Ja, Martin, darauf kannst du dich verlassen. Ich bin gut zu ihr, und das wird auch immer so bleiben.«

»Und noch etwas. Bei eurem ersten Kind, da möchte ich gerne der Taufpate sein.«

Ohne eine Antwort abzuwarten, geht Martin auf dem schmalen Wiesenweg durch den Baumgarten hinaus auf die Straße. Sein Schritt klappert noch eine Weile auf der Straße, dann verliert er sich, und es wird still. Nur der Nachtwind singt durch das Laub der Bäume.

Die Wochen ziehen ins Land. Martin Pacher ist im Geiste immer noch nicht ganz daheim. Mit seinen Gedanken ist er oft weit weg, am fernen Ural. Er ist unruhig. Die Erlebnisse der vergangenen Jahre klingen noch immer in ihm nach, und die neuen Zustände in der Heimat sind eben anders, als er es von früher gekannt hat.

Auf dem Roßkogl, wo er einst Sohn war, ist er im Moment nur der Knecht seines Bruders. Ursula ist nicht mehr da, sondern Bäuerin auf Langenecker-Hof. Die Eltern sind alt geworden. Manchen Abend sitzt er mit ihnen zusammen.

Auch heute hocken sie wieder beisammen auf der Bank vor dem Häuschen, reden über frühere Zeiten und kommen dabei auch auf den Tag zu sprechen, als Martin erfahren hat, dass er nicht das leibliche Kind seiner Eltern ist. Wie hat ihn das damals gequält, und heute hat es für ihn jede Bedeutung verloren! Es ist doch die Liebe und Sorge um ihr Kind, was wirkliche Eltern ausmacht, nicht die Blutsverwandtschaft. Der Vater erzählt nochmals die Geschichte von jener Regennacht, als er den Martin nach der Heimfahrt in seinem Wagen gefunden hat, die er Martin auch damals erzählt hat, und von der schönen Schauspielerin, die seine Mutter gewesen ist, und ihrem Mann, die am Tag darauf nicht mehr auffindbar gewesen sind.

»Und wie sie geheißen haben, die beiden, weißt du das eigentlich noch?«, fragt Martin, nachdem er über die Erzählung des Vaters nachgedacht hat.

»Lass mich nachdenken ... Larisch, wenn ich mich recht erinnere.«

Bei dem Namen ist Martin zusammengezuckt. Jetzt steht er auf.

»Bist du sicher, dass sie Larisch geheißen haben?«, fragt er bestürzt.

»Ja, ich bin ganz sicher. Warum?«

»In Russland bin ich einem Mann namens Larisch begegnet. Er hatte einen Bauchschuss und lag im Sterben, und ich bin eine ganze Nacht im Wald bei ihm geblieben, bis es zu Ende mit ihm war.«

»Ein Großer, Schwarzhaariger?«

»Groß war er, ja, aber seine Haare waren schon grau, er war nicht mehr jung. Ein Leutnant mit grauen Schläfen. Aber Schauspieler ist er gewesen im Zivilberuf. Dass es so einen Zufall gibt, kann ich nicht glauben.«

»Sag das nicht, Martin. Vielleicht ist es eine wunderbare Fügung von oben gewesen, dass du es hast sein müssen, der ihm die Augen zugedrückt hat.«

»Wer kann sagen, Vater, was im Leben Zufall, Fügung oder Schicksal ist?«, fragt Martin zurück. »Es wird wohl alles Bestimmung sein auf dieser Welt«, fügt er noch hinzu. Er wünscht seinen Eltern eine gute Nacht und geht, allerdings nicht ins Bett, sondern ohne Ziel in die Dunkelheit hinein.

Den ganzen Winter hindurch hat Martin dieses schwermütige Gebaren gezeigt. Lustlos ist er seiner Arbeit nachgegangen, hat mit dem Knecht Simon die Bäume gefällt und an den Gesichtern der Menschen vorbeigesehen, wenn er sonntags ins Hochamt gegangen ist.

Eines Tages, Ende Februar, kommt ein fremder Mann auf den Hof. Er trägt einen abgeschabten Lodenanzug und einen grünen Filzhut mit einer kleinen Feder. Sein Rucksack ist prall gefüllt, aber er ist leicht, birgt nur einen fast neuen, hellgrauen Offiziersmantel und eine lange Hose aus feinstem Kammgarn. Diese Dinge will er gegen Lebensmittel eintauschen. Sein Gesicht ist hager, die Augen sind eisengrau, und manchmal kneift er sie zusammen, als hätte er noch nicht vergessen, wie man die ausgerichtete Linie eines Regiments fixiert. Auch seine Stimme hat sich der verwandelten Zeit noch nicht angepasst. Sie ist schnarrend und trägt noch den Klang jahrelangen Befehlens in sich.

»Das habe ich anzubieten«, sagt er. »Falkner ist mein Name.« Dabei packt er seine Uniformstücke aus. »Ich brauche Lebensmittel dafür. Nicht für mich, für meine Frau, sie ist schwer krank.«

Der Tag ist regnerisch und trübe. Daher kommt es, dass die Männer auf dem Hof nicht im Wald sind, sondern nun alle gemeinsam in der Stube sitzen.

Klemens ist der Erste, der aufsteht und den Mantel besichtigt. Er greift das Tuch, knüllt es zusammen und lässt es wieder aus. Es hinterlässt keine Falten.

»Ein halbes Pfund Butter und zwölf Eier«, sagt er.

Der Fremde lächelt resigniert.

»Sollte es nicht mehr wert sein?«

»Das gibt höchstens eine Trachtenjacke, mehr nicht«, antwortet Klemens.

»Ich bin nicht zum Betteln ausgezogen, sondern zu ehrlichem Handel«, sagt der Fremde scharf.

»Ganz richtig«, sagt plötzlich Ferdinand und steht auf. »Meiner Meinung nach ist das ein erstklassiger Stoff. Und soviel ich weiß, hast du dir in letzter Zeit ein halbes Dutzend Stoffe eingehamstert. Wenn jemand einen Anzug braucht, dann ist es der Martin.«

»Da hat der Vater Recht«, sagt Magdalena, die jetzt auch aufsteht und sich den Stoff ansieht. Was er dafür haben wolle, fragt sie ihn.

Nun, immerhin habe er an etwas Rauchfleisch gedacht und an Fett, hauptsächlich an Fett. Vielleicht noch einige Eier dazu und Brot.

Der alte Roßkogler rechnet im Stillen zusammen und sagt dann: »Wie wäre es mit zehn Pfund Geräuchertem, zehn Pfund Fett, einem Dutzend Eiern und einem Laib Brot?«

In das Gesicht des Fremden kommt ein Lächeln.

»Das wäre mehr als ein ehrlicher Handel, sondern äußerst großzügig in den heutigen Zeiten.«

»Also gut, gehen wir den Handel ein. Der Martin war in Gefangenschaft, und seine alten Sachen passen ihm nicht mehr. Wert ist dieser Stoff allemal, was ich Ihnen dafür biete. Geh, Magdalena, und richte dem Herrn die Sachen zusammen.«

Magdalena will hinausgehen und die Sachen herrichten. Da packt sie Klemens hart am Arm und hält sie zurück.

»Wer ist hier eigentlich der Herr im Haus?«

Aufgebracht wendet er sich an den Vater. »Du gehst darauf ein, sagst du? Gut, wenn du bei dir drüben so viel hast! Aus meiner Speisekammer gebe ich das nicht heraus. Und überhaupt, wer weiß, ob die Sachen nicht gestohlen sind.«

Der Fremde läuft blutrot an. »Was erlauben Sie sich!«

»Tja, heutzutage läuft so viel Gesindel rum, dass man nicht wissen kann, wo die Sachen her sind. Mir kann es egal sein, wenn der Vater diesen Handel eingehen will, aber dann nicht auf meine Kosten.«

Der Alte ist kreidebleich geworden. Zum ersten Mal hat er in dieser Deutlichkeit hören müssen, dass er hier nichts mehr zu bestimmen habe.

»Ach so, du meinst, dass ich gar nichts mehr zu sagen habe? Gut, dass du mir es gesagt hast. Das werde ich mir merken. Aber auf dich bin ich nicht angewiesen, in meiner Speisekammer habe ich genug, um dem Herrn zu geben, was ich ihm geboten habe.«

Er erhebt sich und wendet sich zur Tür. »Kommen Sie, mein Herr!«

»Nein, Vater, das lasse ich nicht zu«, sagt Magdalena entschlossen und tritt ein paar Schritte vor. »Das wäre ja noch schöner, wenn ich mir vorschreiben lassen müsste, was ich aus der Speisekammer herausgebe.«

»So ist es recht!«, höhnt Klemens. »Halt du nur zu denen. Von mir aus macht, was ihr wollt!« Er geht hinaus und schlägt krachend die Tür hinter sich zu.

Der Fremde will seine Sachen wieder einpacken.

»Das ist mir sehr peinlich«, sagt er. »Ich will es lieber anderswo versuchen.«

»Kommt gar nicht in Frage«, sagt Magdalena resolut. »Ich hole die Sachen gleich.«

Martin hat inzwischen den Mantel genommen und hält ihn gegen das Fensterlicht. Man sieht, dass er nur wenig getragen ist. Kaum dass man die zwei Streifen an der Schulter erkennen kann, auf denen einmal die Schulterstücke befestigt gewesen sind.

»Waren Sie Hauptmann?«, fragt Martin über die Schulter.

»Nein, Oberst. Sie waren in Gefangenschaft, hörte ich vorhin. Wo waren Sie?«

Martin nennt das Lager, und der ehemalige Oberst nickt. »Kenne ich, da sind wir auch durchgeschleust worden. Ich war dann bis zu meiner Entlassung vor vier Wochen in einem Lager bei Kiew.«

Interessiert hat Martin zugehört. Aber ehe die beiden nun weiter darüber reden können, kommt Magdalena mit den Sachen herein. Korrekt ist alles abgewogen und abgezählt, und der Rucksack des Obersten a. D. ist, wenn auch nicht mehr so prall gefüllt, so doch erheblich schwerer als vorhin.

Draußen nieselt es, mitunter fallen auch ein paar Schneeflocken, und der Mann denkt an den weiten Weg, den er nun bis Lenggries zu gehen hat, um dort, wenn er Glück hat, auf der Plattform eines überfüllten Zuges Platz zu finden. Viele Menschen aus der Stadt fahren mit ihren Wertsachen hierher, um sie gegen Lebensmittel einzutauschen, und nur wenige haben so viel Glück, wie er heute gehabt hat. In solchen Zeiten des Hungers ist ein Perserteppich, der Tausende von Mark gekostet hat, manchmal nicht mehr wert als ein paar Pfund Butter.

Er nimmt dankbar an, als Magdalena ihm eine Tasse mit heißem Tee einschenkt und ihm Brot und Butter hinschiebt. Nur zögernd geht er aus sich heraus, schließlich spürt er aber doch die innere Anteilnahme, die ihm von den Menschen hier entgegengebracht wird, und er beginnt, ihnen von sich zu erzählen. Falkner ist sein Name. Er berichtet, dass er zu gegebener Zeit wieder seine Rechtsanwaltspraxis aufmachen will, erzählt der schweren Krankheit seiner Frau und von der verschollenen Tochter, die zuletzt als Rotkreuzschwester in einem Lazarett in Königsberg tätig gewesen sei und von der sie nur wüssten, dass man sie mit der ganzen Belegschaft von Ärzten und Pflegerinnen nach Sibirien verschleppt habe.

Er lässt sich Martins Schicksal erzählen, und schließlich beginnt es draußen zu dämmern, sodass Falkner an seinen Aufbruch denken muss. Der alte Roßkogler sagt ihm noch, dass er wieder herkommen möge, aber es müsse nicht sein, dass er dann wieder einen Mantel bringe. Eine Kleinigkeit würden sie ihm wohl immer geben können.

Zu Ostern wird auf dem Roßkogl ein kräftiger Stammhalter geboren, und Klemens richtet eine Taufe aus, von der man noch lange spricht. Martin hat um diese Zeit gerade Mitteilung bekommen, dass er wieder in den Forstdienst eingestellt werden solle. Er möge sich aber noch etwas gedulden, es könne Herbst werden, bis es so weit sei. So bleibt er weiterhin Sommerknecht bei Klemens.

Im August wird auf Langeneck das erste Kind geboren, ebenfalls ein Sohn, und Martin darf der Taufpate sein, so wie es besprochen wurde.

Ferdinand und Antonia Pacher genießen ihre neue Rolle als Großeltern. Antonia trägt den Enkel des Roßkoglerhofes durch die sonnigen Herbsttage. Oft sitzt sie unter den Ahornbäumen, schiebt das Leiterwägelchen des kleinen Klemens hin und her und singt leise die Lieder ihrer versunkenen Jugend. Ihre Stimme ist längst nicht mehr so klangvoll wie früher und zittert ein wenig.

Rüstig wie eh und je geht der alte Roßkogler umher. Die siebzig Jahre haben ihm noch nicht viel anhaben können, nur das Haar haben ihm die Jahre gebleicht und die Schultern ein wenig nach vorne gebogen. Sonst aber steckt noch eine unbändige, fast wilde Kraft in ihm. Und wenn er vor dem Hackstock steht und die Scheite spaltet, geht sein Atem kaum schneller, als wenn er abends in seinem gemütlichen Austragstübchen sitzt und die Zeitung liest.

Manchmal macht er sich zwar Gedanken über den Klemens, dessen heftiges Temperament mittlerweile wieder häufig zum Ausbruch kommt. Der kleinste Mangel an Ehrerbietung, die seiner Meinung nach einem reichen Bauern wie ihm zusteht, und er verliert die Beherrschung und pocht auf seine Stellung als Herr auf dem Roßkogl.

Klemens scheint von einer ständigen Unruhe bewegt zu sein, als treibe ihn etwas und ein anderes halte ihn zurück. Magdalena ist der gute Geist, der ihn von mancher Unbesonnenheit abhält und ihm zuredet, dass er sich nicht von seinen eigentlichen Aufgaben ablenken lassen soll durch die Zeiterscheinung des Gierens und des Raffens, die schon so viele erfasst habe.

Ja, die guten Geschäfte mit den Hamsterkäufern aus der Stadt haben Klemens darauf gebracht, dass man nicht schwitzen muss, um viel Geld zu verdienen. Als er erfährt, dass ein Bauer außerhalb Tölz einen Berg gekauft habe und nun Kies heraushole, wird er fuchsteufelswild, weil er nicht selbst auf diese Idee gekommen ist.

»Ich Trottel schufte und andere schaufeln mühelos Geld«, hält er Magdalena vor.

»Ja, Geld, das keinen Wert hat«, entgegnet sie.

»Aber eines schönen Tages hat es wieder Wert, und was man sich jetzt mit dem schlechten Geld anschafft, hat man danach schon als bares Kapital.«

»Ich weiß nicht, Klemens, ich versteh ja nichts von den Geschäften, die dir im Kopf herumgehen, aber ich meine, dass jeder Schuster bei seinem Leisten bleiben soll und jeder Bauer bei seinem Hof.«

So kommt der erste Oktober heran, an dem Martin wieder seinen Dienst im Forstamt antritt. Sofort hat Klemens, schon aus Wut, dass er damit seinen besten Knecht verliert, wieder etwas zu nörgeln.

»Da geht wieder einmal einer spazieren, und unsereins kann schuften.«

Mit dem Spazierengehen hat er allerdings nicht einmal so unrecht, denn Martin darf vorerst kein Gewehr tragen, geht nur mit einem Stecken und dem Fernglas ausgerüstet durch die Wälder. Die Wilddiebe, von denen es eher mehr als weniger gibt, sind allerdings durchaus bewaffnet, und als er unverhofft einmal auf einen trifft, hebt dieser seelenruhig seine Büchse und sagt: »Verschwinde, sonst knallt es!«

Um diese Zeit gibt es auf dem Roßkoglhof den ersten heftigen Krach. Klemens ist der Meinung, weil Martin jetzt nicht mehr als Knecht auf dem Hof arbeite, müsse er für Kost und Unterkunft bezahlen. Er sagt das nicht einmal aufgeregt und fordernd, sondern mit der Selbstverständlichkeit eines Menschen, der das ganz einfach erwarten darf. Nicht einmal das Schweigen, das nach seinen Worten entsteht, macht ihn zunächst stutzig.

Martin nickt schließlich und meint: »Wenn du es so willst, meinetwegen.«

Nun hat sich aber bei dem Alten der erste Schreck gelegt, und in seinen Augen funkelt mühsam verhaltener Zorn.

»Aber sonst bist du gesund?«, schreit er seinen Hoferben an.

»Sonst?«, fragt Klemens verdutzt. »Mir fehlt nichts!«

»Dir fehlt nichts bis auf den Charakter. Schämst du dich überhaupt nicht? Ja, reicht dir das noch nicht, dass der Martin bei der Erbschaft völlig leer ausgegangen ist?«

»So? Erbberechtigt soll er auch noch sein?«, lacht Klemens gereizt. »Jetzt wird's immer schöner. Blutsmäßig sind wir überhaupt nicht verwandt miteinander. Bloß auf dem Papier hat er als mein Bruder gegolten.«

»Ja, und bloß auf dem Papier hat er für tot gegolten«, antwortet der Alte mit ungewöhnlicher Schärfe. »Wäre es anders gewesen, hätte ich auch dem Martin seine fünf Hektar Wald zuschreiben lassen. Pass bloß auf, wie du dich aufführst, sonst gehe ich vielleicht zum Notar und erkundige mich, ob man die damals aufgesetzte Regelung nicht rückgängig machen kann, wegen Irrtum.«

»Vater, lass es gut sein«, versucht Martin einzulenken.

»Aber noch habe ich ja meinen Wald«, fährt der Alte fort. »Und was ich mit dem mache, das ist ganz allein meine Sache. Und von heute an, Martin, schläfst du drüben bei mir und der Mutter im Austragshäuschen. Und dir, Klemens, werde ich schon noch zeigen, wo der Bartel den Most holt. Du brauchst nicht so tun, als ob du ganz allein der Herr wärst auf dem Roßkogl. Komm, Martin! Pack deine Sachen und trag sie rüber zu uns.«

In ohnmächtiger Wut bleibt Klemens zurück, und als die Magdalena von der Küche hereinkommt, schreit er sie an:

»Hast du gehört, was er gesagt hat, der Herr Austrägler?«

»Ich habe auch gehört, was du gesagt hast. Und es war nicht richtig von dir, von Martin Geld für die Unterkunft zu verlangen. Dass er in jeder Stunde seiner Freizeit für dich und den Hof arbeitet, das hast du wohl ganz vergessen.«

»So ist es recht! Stell du dich nur auch noch auf die Seite dieser Bagage. Macht aber nichts. Ich werde auch alleine mit ihnen fertig.«

Dröhnend schlägt die Tür hinter ihm zu. Kurze Zeit darauf hört man den Motor anspringen, und Vollgas gebend, prescht Klemens Pacher zum Hof hinaus.

11

Magdalena Pacher ist immer bemüht, zwischen Klemens, seinen Eltern und Martin zu vermitteln, und so gerät sie häufig zwischen die Fronten, denn Ferdinand Pacher lässt sich von seinem Sohn so manches nicht bieten, und Klemens nimmt es seiner Frau übel, wenn sie nicht voll und ganz für ihn Partei ergreift.

Sie ist mit ihrem zweiten Kind schwanger und wünscht sich sehnlichst ein Mädchen. Zuweilen schaut ihr Vater bei ihr herein und fragt sie: »Wie geht es mit dir und deinem Mann? Er ist ein sturer Kopf, behandelt er dich am Ende schlecht?«

Magdalena, um Ausgleich bemüht wie immer, sagt: »Weißt du, Vater, er muss halt so sein, wie er ist. Und vielleicht reden die Leute mehr über ihn, als sie wissen.«

Doch insgeheim ist Magdalena Burgstaller enttäuscht von ihrem Mann. Er verändert sich immer mehr, und nicht zum Guten.

Und je länger die offenen und versteckten Nörgeleien ihres Mannes andauern, desto mehr sucht sie die Nähe der Menschen im Austragshäuschen. Immer häufiger werden die unbeherrschten Auftritte ihres Mannes, und Ruhe ist nur einmal ein paar Wochen lang, als an einem grauen Regentag die Währung umgestellt wird und jeder Mensch, ob reich oder arm, nur vierzig Mark zugeschrieben bekommt.

Klemens ist schockiert über diese Lösung, die aus dem kleinen Vermögen an Geld, das er mittlerweile besitzt, einen wertlosen Haufen bedrucktes Papier macht. Er hat sich das alles ein wenig anders vorgestellt und ist recht kleinlaut in den folgenden Wochen.

Martins Zeit als unbewaffneter Waldläufer ist mittlerweile zu Ende. Er ist wieder Jäger mit allem Fug und Recht, ein Jäger mit Ausweis und einer nagelneuen Büchse. Die Wilderei lässt rasch nach, als auch in diesem Bereich wieder Ordnung einkehrt. Das gibt ihm wieder Selbstbewusstsein und Vertrauen in die Zukunft.

Er bewohnt, wenn er einmal heimkommt, das eine der beiden Dachstübchen im Austragshäuschen, und wenn er an einem Sonntag frei hat, so verbringt er ihn regelmäßig bei den Langeneckers. Nie wieder ist zwischen ihm und Ursula die Zeit erwähnt worden, in der sie durch einen kurzen Liebestraum gewandert waren. Das Verhältnis zueinander ist das denkbar beste, und Anselm behandelt und betrachtet ihn ausschließlich als Schwager.

Eines Tages erscheint auf dem Roßkoglhof ein Kriegskamerad des Klemens, Sebastian Felder, Immobilienmakler von Beruf. Klemens hat ihn schon ein paar Mal in Tölz getroffen und begrüßt ihn jetzt mit lautem Hallo. Magdalena fasst sofort Misstrauen gegen diesen Menschen. In seinen grünlich schillernden Augen funkelt etwas, das sie abstößt. Klemens aber drängt den Gast gleich in die gute Stube und holt die Schnapsflasche.

»Das freut mich, dass du endlich auch einmal zu mir kommst. Was machen denn die Geschäfte?

Gibt es irgendwelche interessanten Verkaufsangebote in der Gegend?«, fragt er dann.

Sebastian Felder kippt den Schnaps in einem Zug herunter und sagt sofort, als hätte er nur auf diese Frage gewartet: »Deswegen bin ich ja hier. Also, pass auf, Klemens. Außerhalb Tölz, in Richtung Wolfratshausen, ist eine Ziegelei zu verkaufen. Das könnte das Richtige für dich sein.«

»Eine Ziegelei? Meinst du wirklich?«, fragt Klemens etwas zweifelnd.

»Du, wer sich diese Ziegelei unter den Nagel reißt, der kann dabei steinreich werden«, versichert Felder eifrig. »Fünfzigtausend kostet der ganze Krempel, das ist nachgeschmissen. Sechs Öfen sind dabei und zwei Maschinen für die Herstellung von Dachziegeln. Du wirst doch nicht so dumm sein und dich für den Rest deines Lebens auf dem Hof abrackern – du mit deiner Intelligenz bist für ganz anderes geschaffen, das hab ich schon immer gewusst. Das Heu bringen sie ohne dich auch ein.«

»Eine Ziegelei braucht doch Lehm. Wo bekommt diese Ziegelei den denn her?«

»Eine große Lehmgrube gehört dazu. Bis die ausgebeutet ist, vergehen noch mindestens achtzig Jahre.«

»Und wie hoch wäre deine Provision?«

»Sonst bekomme ich ja immer zehn Prozent vom Kaufpreis, aber bei einem alten Freund wie dir mach ich es für sechs. Klemens, das darfst dir auf gar keinen Fall entgehen lassen. Die Bautätigkeit setzt langsam wieder ein, und das ist jetzt erst der Anfang. Die Ziegel werden weggehen wie warme Semmeln.«

»Na ja, jetzt übertreib mal nicht mit deinen Wundergeschichten. Fünfzigtausend Mark sind für mich übrigens auch kein Pappenstiel. Vor der Währungsreform, da wäre es für mich eine Kleinigkeit gewesen, so viel Geld aufzutreiben, aber jetzt ...«

»Du mit deinem Wald?«, lacht der Felder und schlägt sich auf die Schenkel. »Den kann man doch jederzeit zu Geld machen. Wenn du ihn abholzen lässt, wächst der ja auch wieder nach.«

»Auf alle Fälle muss ich mir die Sache mal anschauen!«

»Von mir aus gleich, wenn du willst, ich habe die Schlüssel bei mir.«

»Ja, aber vorerst bleibt das unter uns. Meine Frau braucht nichts davon zu wissen, und mein Vater schon gar nicht.«

»Ganz richtig. Bis du Fabrikbesitzer bist. Vorher braucht niemand etwas zu erfahren.«

»Ich fahre den Sebastian nach Lenggries, weil er den Bus verpasst hat«, sagt Klemens ein wenig später zu Magdalena.

Sie fragt gar nicht, wann er zurückkommen will, aber als das Auto aus dem Hof fährt, sieht sie ihm sorgenvoll nach.

In den folgenden Tagen geht Klemens nachdenklich und voller Unruhe umher. Er hat die Ziegelei besichtigt. Das grandiose Werk, von dem der Felder ihm vorgeschwärmt hat, ist es ja nicht gerade, aber immerhin, man hat ihn Einsicht nehmen lassen in die Bücher, und der Umsatz in den letzten Jahren war nicht schlecht. Da würde sich etwas daraus machen lassen, denkt Klemens. Es ließe sich noch eine Anzahl Öfen einbauen, und überhaupt ... »Da kann gar nichts schief gehen«, sagt der Felder. Ob der es aber so genau weiß?

Auch nachts findet Klemens keine rechte Ruhe mehr und wälzt sich unruhig in seinem Bett. Er glaubt, Magdalena merke nichts davon, aber sie hört ihn schon seit einigen Nächten. Und als er jetzt so halblaut vor sich hin sagt: »Wenn ich nur wüsste, was ich tun soll«, da richtet sie sich jäh auf und fragt ihn: »Was ist denn eigentlich los mit dir, Klemens? Was meinst du damit, du weißt nicht, was du tun sollst?«

Klemens ist bestürzt und etwas verlegen. »Ich hab gedacht, du schläfst schon!«

»Ja, ich hatte schon geschlafen, aber ich wache immer wieder auf, weil du so unruhig bist. Was ist denn los mit dir? Willst du es mir nicht endlich sagen, oder hast du überhaupt kein Vertrauen mehr zu mir?«

Da hat er plötzlich den Mut, ihr alles zu sagen. Er übertreibt dabei und stellt die Ziegelei als eine großartige Fabrik hin, die spottbillig zu haben sei. Beim Preis lügt er und nennt einen Betrag, der viel niedriger ist als die fünfzigtausend Mark, die ihm Felder genannt hat. Und als Magdalena dazu betroffen schweigt, fügt er hinzu, in der Hoffnung, damit ein Argument gefunden zu haben, das auch seine Frau überzeugen sollte: »Ich denke dabei weniger an mich. Aber schließlich kriegen wir sicher noch mehr Kinder, die sollen ja alle irgendwie versorgt werden. Schließlich sollen es unsere Kinder einmal schöner haben als wir.«

»Klemens«, flüstert Magdalena erschrocken. »Haben wir es deiner Meinung nach etwa nicht schön? Ich finde es aber schön so, wie wir es jetzt haben, und ich bin damit zufrieden.«

»Aber deswegen muss ich doch nicht die Hände in den Schoß legen, wenn das Glück mir winkt.«

»Ist es denn ein Glück?«

»Ja, und hundertmal ja. Es ist ein Glück«, antwortet er schnell. Eifrig wie ein Kind, das sich ausmalt, was es für großartige Dinge leisten wird, wenn es erst erwachsen ist, erzählt er ihr von seinen Überlegungen, was er gerne alles machen möchte, wenn er diese Fabrik erst einmal gekauft hat und bringt es fertig, selbst die nüchtern denkende Magdalena in seine Zukunftsträume einzuwickeln.

Freilich dauert es bei ihr nur bis zum nächsten Morgen, denn beim Tageslicht erscheint ihr alles, wovon Klemens ihr vorgeschwärmt hat, doch mit vielen Risiken behaftet. Und so versucht sie in ihrer bedächtigen Art, ihren Mann von seinem Plan wieder abzubringen. Sie fragt ihn, ob er eigentlich schon versucht habe herauszufinden, warum die Besitzer dieser angeblichen Goldgrube sie unbedingt loswerden wollten, ob der Felder ihm nicht womöglich etwas Wichtiges verschweige, weil er an dem Geschäft viel Geld verdienen werde, und wo Klemens überhaupt die zu zahlende Summe hernehmen wolle. Aber bei solchen Fragen braust er auf und verbietet ihr strikt, sich in seine Sachen einzumischen, wenn sie doch nichts davon verstehe. Felder hetzt ihn dazu auf. Dieser abgefeimte Fuchs spürt genau, dass die junge Bäuerin die Ursache dafür ist, dass Klemens Pacher noch zögert. Er setzt seine ganze Überredungskunst ein, um

Klemens weichzuklopfen. Dreitausend Mark Provision wird er bekommen, wenn er seinen Freund zu diesem Kauf bewegen kann!

Er bringt seinen Freund mit Leuten zusammen, die in einer ganz anderen Welt leben als Klemens. Es sind auch Frauen dabei, und es schmeichelt Klemens, dass sie ihn bereits Direktor nennen. Herr Direktor Pacher. Und sie trinken auf ihn und auf seine glänzende Zukunft, die er so beherzt anpacke. Aber wenn er dann in seinem offenen Kübelwagen wegfährt, lächeln sie hinter ihm her, mitleidig und spöttisch zugleich.

»Wenn du erst einmal der Besitzer dieser Fabrik bist«, sagt ihm der Felder bei nächster Gelegenheit, »dann sieh zu, dass du dir einen anderen Wagen zulegst. Mit dieser Kiste blamierst du dich ja bloß. Als Fabrikdirektor kannst du nicht mit einem Kübelwagen herumfahren.«

Ja, das sieht Klemens ohne weiteres ein, und er liebäugelt mit einem dunkelblauen Mercedes. Nachdem die Eigentümer der Ziegelei mit dem Preis noch einmal um zweitausend Mark heruntergegangen sind – wie Felder versichert, auf sein Zureden hin –, ist er nun fest zum Kauf entschlossen. Nun wäre es höchste Zeit, über alles klipp und klar mit Magdalena und vor allem mit seinem Vater zu sprechen. Aber dazu ist er zu feige, er ahnt, dass sie mit seinen Plänen nicht einverstanden wären, und so geschieht es denn, dass er am sechzehnten September in der Notariatskanzlei zu Tölz den Kaufvertrag unterschreibt, ohne mit seiner Familie gesprochen zu haben. Die Bank streckt ihm den Betrag für die Anzahlung vor, und er hat für das Ganze den Bartholomäuswald zu bieten, mit dessen Abholzung in der kommenden Woche begonnen werden soll.

In höchster Eile rennt Martin den Hang hinunter auf den Hof zu und prallt im Flur mit der Magdalena zusammen. Sein Gesicht ist schweißüberströmt, und sein Atem geht keuchend.

»Wo ist Klemens?«

Erschrocken reißt Magdalena den Kopf hoch. »Der ist fortgegangen, in aller Frühe schon.«

»Weißt du, Magdalena, dass der Bartholomäuswald abgeholzt wird?«

Die junge Bäuerin wird blass. »Das glaube ich dir nicht.«

»Ich komme gerade von dort. Sechs Holzknechte sind am Werk. Sie sagen, der Klemens habe eine Fabrik gekauft, und in seinem Auftrag schlagen sie den Wald.«

»Was für einen Wald?«, fragt plötzlich die Stimme des Altbauern Pacher. Er steht im Türrahmen.

Martin berichtet, was er erfahren hat, und weil der Alte bisher ahnungslos gewesen ist, trifft es ihn wie ein Schlag. Zuerst läuft sein Gesicht dunkelrot an, dann wird es weiß vor Wut. Seine eisgrauen Augen heften sich auf die Magdalena. »Und du hast es gewusst und mir nichts gesagt?«

»Ich habe nicht gewusst, dass er die Fabrik gekauft hat, nur, dass er vor einiger Zeit überlegt hat, ob er es tun soll. Und dass er den Wald abholzen lassen will, davon hat er mir nie etwas gesagt«, versichert Magdalena, und schlägt die Hände vors Gesicht. »Das hätte ich nie zugelassen, wenn ich es gewusst hätte.«

Wortlos dreht sich der Alte um und geht langsam über den Hof hinüber ins Austragshäuschen. Dort setzt er sich ächzend auf das Sofa und ringt um seine Fassung.

»Antonia, das ist der Anfang vom Ende«, sagt er schließlich düster. »Dem Kerl ist doch gar nichts heilig. Den Bartholomäuswald lässt er abholzen, den ich mein Leben lang gehegt und gepflegt habe. Kaum dass ich einmal einen Baum rausgeschlagen habe. Und er macht das alles zunichte, als ob es gar nichts zu bedeuten hätte. Herrgott, wenn ich bloß das nicht hätte erleben müssen.«

Die beiden alten Leute verbringen den Nachmittag zusammen auf dem Sofa, bis in die Tiefe des Herzens hinein erschüttert von der Eigenwilligkeit des Sohnes, der sein schönes Erbteil in so leichtfertiger Weise aufs Spiel setzt. Einmal sagt Ferdinand Pacher unter tiefem Aufstöhnen:

»Wie heißt es da gleich wieder in der Bibel? Die Sünden der Väter rächen sich ...«

»Das darfst du nicht sagen, Vater«, fällt Antonia ihm ins Wort. »Du hast in deiner wilden Zeit damals nichts Ehrenwidriges getan und bist trotz allem immer ein guter Mensch und Bauer geblieben.«

»Ich weiß nicht, ich weiß nicht. Mir kommt es so vor, als rächt sich das jetzt, dass ich nicht widerstehen konnte, als ich in die Versuchung geraten bin, meine Pflichten zu vernachlässigen. Horch – ich glaube, jetzt kommt er.«

Ferdinand Pacher steht auf und geht ans Fenster, zuckt zusammen und ruft dann Antonia herbei.

»Schau ihn dir an, unseren Herrn Sohn. Mit einem nagelneuen Auto kommt er daher. Hat denn der Kerl seinen ganzen Verstand verloren? Dem werde ich jetzt aber die Leviten lesen.«

Vor der Haustür steht eine dunkelblaue Mercedeslimousine mit leise vibrierenden Kotflügeln. Den Motor hört man kaum. Jetzt stellt Klemens ihn ab und steigt aus. Eine dicke Zigarre im Mund, den Hut ein wenig zurückgeschoben, steht er da und betrachtet seinen neuen Wagen mit hochmütig verzogenen Mundwinkeln. Da sieht er den Vater aus dem Austragshäuschen kommen.

»Jetzt wird es brenzlig«, sagt er leise für sich hin. Dann zündet er die erloschene Zigarre wieder an und schielt über das verglimmende Zündholz dem Vater entgegen.

»Was sagst du dazu?«, fragt er dann. »Das ist ein Traum von einem Auto, was? Das musst du mal erleben, wie der abzieht, wenn ich etwas auf die Tube drücke. Nächste Woche muss ich einmal nach München. Da könnt ihr mitfahren, du und die Mutter. Du kannst dir nicht vorstellen, wie bequem man darin sitzt, wie auf einem Sofa. Das ist etwas anderes als die alte Schrottkarre. Immerhin, einen Tausender hab ich beim Autohändler noch für die Kiste gekriegt.«

Er redet und redet und merkt selber, dass es nur seine Unsicherheit ist, die ihn so viel reden lässt. Dabei schaut er den Vater gar nicht an, der stumm dasteht, mit einem Zug der Verachtung und des Zornes um die Mundwinkel.

»Bist du jetzt fertig?«, fragt der Vater dann, als Klemens einen Augenblick schweigt. »Dann darf ich jetzt vielleicht auch ein Wörtchen sagen?«

»Bitte schön, bitte schön«, antwortet Klemens und streift bedächtig die Asche von seiner Zigarre.

»Du bist also jetzt schon so weit, dass du meinst, du brauchst mich bei gar nichts mehr zu fragen.«

Klemens runzelt die Brauen.

»Warum soll ich dich fragen? Soviel ich weiß, bin ich der Herr hier, und ich brauche niemand um Erlaubnis zu fragen.«

»Ja, ja, sag mir es nur recht oft, dass meine Meinung dich nicht interessiert.«

»Du bist der Austrägler Pacher und brauchst dich in meine Sachen gar nicht einzumischen. Ich weiß schon, was ich zu tun habe.«

»Das glaube ich kaum. Wenn du es wüsstest, dann würdest du nicht den herrlichen Bartholomäuswald abschlagen lassen.«

Überrascht hebt Klemens den Kopf.

»So? Haben die schon angefangen? Das hab nicht einmal ich gewusst. Dein Nachrichtendienst funktioniert ja großartig. Dann wirst du ja auch schon wissen, dass ich die Ziegelfabrik gekauft habe?«

»Traurig genug, wenn man es erst von dritter Seite erfahren muss.« Die Stimme des Alten wird scharf. »Und dafür muss der herrliche Wald dran glauben!«

»Ach, das verstehst du nicht. Die Bäume wachsen doch wieder nach.«

»Aber du und deine Kinder, ihr werdet dort keinen richtigen Wald mehr zu sehen bekommen.«

»Dann eben meine Urenkel. Überhaupt, was nach mir ist, das ist mir egal. Auf alle Fälle möchte ich von meinem Leben etwas haben, ich möchte mich nicht mein Leben lang für nichts abrackern wie du.«

Über die Augenbrauen des Alten zuckt es schmerzlich hin. »Ach so, ein Nichts ist der schönste Hof im ganzen Tal in deinen Augen also, den ich dir in die Hände gegeben habe? Dir ist ja gar nichts mehr heilig. Und wenn ich dich so anschaue in deiner ganzen Erbärmlichkeit, dann bereue ich die Stunde, in der du den ersten Schrei getan hast. Vom Leben will er was haben, der Narr, der hochmütige! Aber warte nur, auf deinen Hochmut kommt schon der Fall. Hoffentlich muss ich wenigstens das nicht mehr erleben.«

»Oh, du wirst noch alt, so wie du beieinander bist.«

In diesem Augenblick geschieht es. Blitzschnell greift der Alte zu, packt den Sohn und schüttelt ihn hin und her, dann schleudert er ihn mit Wucht gegen den neuen Wagen.

»So, jetzt hab' ich dir gezeigt, wie gut ich noch beieinander bin, du Mistkerl, du dreckiger. Und das sag ich dir noch, merke es dir nur recht gut: Bevor ich zulasse, dass du den Hof zugrunde richtest, mach ich dich kalt.«

Mit hochrotem Kopf bückt sich Klemens nach seiner Zigarre, die seinen Lippen entglitten ist. Dann sagt er: »Jetzt hör du auch gut zu. Tätlichkeiten kannst du dir nicht noch einmal erlauben. Das nächste Mal schlage ich zurück. «

»Das traue ich dir ohne weiteres zu. Die Hand gegen den eigenen Vater zu erheben!«

»Das hängt nur von dir ab. Lässt du mir meine Ruhe, lass ich dir deine auch. Gewöhn dir vor allem dein Dreinreden in meine Sachen ab. Ich werde es euch schon beweisen, dass ich mit der Ziegelei richtig spekuliert habe. Es wird schnell bergauf gehen.«

»Dann schau nur, dass du nicht genauso schnell wieder runterfällst. Glück kann ich dir keines dazu wünschen.«

»Brauchst auch gar nicht«, antwortet Klemens mit hohnvollem Lachen. »Auf deinen Glückwunsch bin ich gar nicht angewiesen, merk dir das.«

»Das werde ich mir sogar recht gut merken.«

»Dann ist's ja gut.«

Klemens lässt den Vater stehen und geht ins Haus. Von diesem Tag an haben sich Vater und Sohn lange nichts mehr zu sagen.

Wider Erwarten scheint Klemens zunächst Recht zu behalten. Mit dem immer stärkeren Einsetzen der Bautätigkeit, ein Jahr nach der Währungsumstellung, gehen die Ziegelsteine weg wie warme Semmeln. Auch die Dachziegel finden reißenden Absatz. Es können kaum so viele hergestellt, wie gebraucht werden.

Klemens ist jetzt nur noch selten daheim. Er ist dauernd unterwegs und gewöhnt sich Manieren an, die gar nicht zu ihm passen. Er gefällt sich in der Rolle des Fabrikbesitzers, raucht nur die teuersten Zigarren und trägt nach Maß geschneiderte Anzüge.

Zu seiner Ehre muss gesagt werden, dass er es versteht, sich in dem verlotterten Werk Respekt und Autorität zu verschaffen. Er hat sich angewöhnt, scharf hinter die Dinge zu sehen, und da er eine gute Auffassungsgabe hat, gelingt es ihm verhältnismäßig schnell, sich einzuarbeiten. Man kann ihm bald kein X mehr für ein U vormachen. Das hat als einzig negative Folge, dass sein Hochmut wächst wie die Zahl der Ziegelsteine, die er absetzt.

O ja, verdammt hochmütig ist er geworden, der junge Bauer aus der Jachenau, und das Geld fließt nur allzu leicht aus seinen Händen. Als ihm der zweite Sohn geboren wird, schnappt er fast über vor Freude und veranstaltet mit seinen Freunden in einem Hotel in Tölz ein Sektgelage, von dem noch lange gesprochen wird. Er überhäuft aber auch Magdalena mit Geschenken, vor denen sie erschrickt, weil sie begreift, dass diese Dinge ein Heidengeld kosten.

Sie erkennt mit jähem Schrecken, wie sehr dieses neue Leben den Mann verändert hat. Klemens enthüllt ein Wesen, das sie ängstigt und verstört, und wenn er ihr großspurig von den vielen Tausendern erzählt, die durch seine Hände gehen, findet sie kein befreiendes Lächeln dazu.

Der sichtbare Erfolg lässt auch allmählich die anfänglichen Spötter verstummen. Nur Ferdinand Pacher kann sich von seinem Zweifel nicht frei machen. Er sieht nach wie vor in einem Menschen, der sich vom ererbten Boden löst, einen Glücksspieler.

Es tut ihm von Herzen weh, wenn er sieht, wie wenig Klemens für den Hof noch übrig hat. Magdalena muss sich mit fremden Leuten herumplagen, die den Bauern ersetzen sollen, so hält er es schließlich nicht mehr aus und schaltet sich selber wieder ein. Seine Ehrfurcht gebietende Gestalt schafft wieder Autorität. Der Alte vom Roßkogl geht wieder über die Wiesen und sieht nach dem

Rechten, ohne dafür von seinem Sohn einen Funken Dank zu ernten.

Klemens' Glückssträhne hält an. Er wird kühn und verwegen, schafft auf Kredit neue Maschinen an, baut einen Heizkessel modernster Art und geht durch die weiten Anlagen wie einer, dem nichts in der Welt etwas anhaben kann.

Reklamationen nimmt er nur lächelnd zur Kenntnis. Salpeter? Salpeter soll in den Steinen sein? Jetzt auf einmal sprechen sie von Salpeter, der durch die Wände schlägt und hässliche Flecken in den Zimmern verursacht. Er lässt den Lehm prüfen, vergleicht seine Ziegel mit denen anderer Fabriken. Die sind dunkelrot und hart und klingen, wenn man mit einem Hammer darauf schlägt. Seine sehen anders aus und fühlen sich auch anders an.

Aber – ist nicht immer noch lebhafte Nachfrage nach seinen Erzeugnissen? Ist der Absatz vielleicht irgendwie gesunken? Nein, keine Spur, die Ziegel gehen nach wie vor weg wie warme Semmeln.

Die Dachplatten allerdings häufen sich, sie häufen sich in den letzten Monaten sogar sehr beängstigend. Aber liegt nicht ein Segen auf seinem Wollen und Streben?

Zur rechten Zeit kommt ein fürchterliches Hagelwetter in einer Samstagnacht, bei dem viele Dächer fast restlos zerstört werden. Sein großes Lager wird mit einem Schlag leer. Am Dienstag ist nicht mehr eine einzige Dachplatte vorrätig, und die Lastwagen stehen und warten schier ungeduldig auf Nachschub.

Na also!

Klemens ist wieder obenauf und gibt zwei neue Maschinen für die Herstellung von Dachziegeln in Auftrag, die sechzigtausend Mark kosten. Dann legt er sich noch einen Lastzug für siebzigtausend Mark zu. Die Rückzahlungen für seine Darlehen haben inzwischen beängstigende Ausmaße angenommen. Aber seine Freunde, die sich in der Kreditwirtschaft auskennen, allen voran Sebastian Felder, versichern ihm:

»Das geht schon in Ordnung! Was jetzt noch fehlt, ist ein Bagger.«

»Ich weiß nicht«, meint Klemens. »Noch mehr Schulden möchte ich nicht machen.«

»Ist das ein Kreuz mit dir«, jammert Felder. »Ich weiß nicht, warum man dich zu deinem Glück immer erst drängen muss.«

Glück? Ja, noch ist es ihm hold, und Klemens sieht in seinem Größenwahn nicht die dunkle Wolke am Himmel. Sie kommt auch ganz langsam, ähnlich wie ein Gewitter, das am Mittag schon im Westen aufzieht und gegen Abend erst losbricht.

Eines Tages meldet eine Großbaufirma, dass die von seiner Ziegelei gelieferten Dachziegel abblättern und überhaupt schlecht decken.

Klemens zieht die Augenbrauen hoch. Abblättern? Sollte das vielleicht am Lehm liegen? Ausgeschlossen. Er diktiert ein Antwortschreiben an seine Sekretärin, dass die Ziegelei Pacher es nicht nötig habe, auf so eine Verdächtigung einzugehen, weil nur erstklassiger Lehm verwendet werde.

Die Baufirma stellt daraufhin Schadenersatzklage. Es kommt zu einem Prozess, den Klemens haushoch verliert. Er wird dazu verurteilt, auf seine Kosten die Häuser abzudecken und durch Dachplatten von einer anderen Ziegelei zu ersetzen.

Es bleibt nicht bei der Klage dieser einen Baufirma. Andere folgen nach, auch diese Prozesse verliert er. In stummer Verzweiflung muss er zusehen, dass seine eigenen Dachziegel zu Hunderttausenden sich anhäufen, weil sie niemand mehr haben will. Auch um die Ziegelsteine reißt man sich nicht mehr, weil man dazu übergegangen ist, Bausteine aus Zement und von größerem Maß herzustellen. Seine salpeterhaltigen Ziegel sind nicht mehr gefragt, und endlich muss Klemens begreifen, weshalb diese Ziegelei damals so spottbillig zu haben gewesen ist.

Mit wilder Verbissenheit stemmt Klemens sich gegen sein Schicksal. Im Winter legt er das Werk vorläufig still. Aber im Frühjahr soll die Arbeit wieder beginnen. Er will den Lehm von woander herbeziehen. Wozu hat er denn seine Lastwagen? Oh nein, er gibt sich noch nicht verloren.

Verloren gibt seine Sache allerdings die Bank. Sie steht nicht mehr hinter ihm, sie verlangt nun neue Sicherheiten für eine weitere Finanzierung. Woher soll er die aber nehmen? Er hat Haus und Hof, seinen ganzen Besitz schon vorher als Sicherheit in die Waagschale geworfen.

Von alldem haben seine Frau und seine Eltern keine Ahnung. Aber als es ins Frühjahr hineingeht, lässt es sich nicht mehr verheimlichen. Es wird ja überall von Klemens Pachers großer Pleite gesprochen. Das Tonwerk soll ihm schon nicht mehr gehören, auf den Maschinen klebt der Kuckuck, das Siegel des Gerichtsvollziehers. Sein ganzer Wald ist verpfändet, der Hof mit einer hohen Hypothek belegt und das Finanzamt verklagt ihn wegen hinterzogener Steuern.

Nur ein paar Jahre hat er in dem schönen Rausch gelebt. Jetzt ist er vorbei, und nun sollte die Ernüchterung folgen. Aber sie folgt nicht; Klemens Pacher rafft sich statt dessen zu einem letzten Verzweiflungsschritt auf und will die fünf Hektar Wald schlagen, die seine Frau als Mitgift mitgebracht hat. Damit könnte er einen neuen Start wagen. Jetzt endlich erwacht aber die junge Bäuerin Magdalena aus ihrer Erstarrung und wehrt sich mit aller Kraft.

»Nein, Klemens, das lasse ich nicht zu! Und wenn du gar nicht davon abzubringen bist, dann gehe ich mit meinen zwei Kindern hin und werfe mich mit ihnen unter den ersten stürzenden Baum.«

Klemens wird weiß wie die Wand, denn er erkennt, dass es ihr bitterernst ist mit dem, was sie sagt. Immerhin haben die Schicksalsschläge der letzten Zeit sein aufbrausendes Wesen etwas gedämpft, sodass er wenigstens seiner Frau gegenüber nicht in Harnisch gerät, sondern vielmehr versucht, ihr mit Beredsamkeit zu beweisen, dass alles wieder gut werden könne, wenn sie sich nur mit der Abholzung dieses Waldes einverstanden erklärt.

Magdalena aber bleibt bei ihrem Nein.

»Es geht nicht um mich, sondern um die Kinder. Sollen sie einmal in Dienst gehen müssen bei fremden Bauern?«

»Ach, so weit wird es nicht kommen«, sagt er.

»Oh doch, so weit wird es kommen, sagt der Vater.«

Klemens fährt hoch.

»Aha, jetzt geht mir ein Licht auf. Hat dich der Alte aufgehetzt! Ja, ja, nun wundert mich nichts mehr. Der hat mir ja immer das Leben schwer gemacht. Womöglich freut er sich auch noch darüber, dass es mir jetzt dreckig geht.«

»Lass den Vater aus dem Spiel. Hättest du auf ihn gehört, wäre es nicht so weit gekommen. Aber mit dir hat man ja nicht mehr vernünftig reden können.«

»Typisch, immer bin ich an allem schuld, immer nur ich. Ihr andern seid ja unfehlbar«, braust er auf, dann geht er hinaus, setzt sich in den Wagen und fährt davon.

Und noch einmal hat er Glück. Er findet einen privaten Geldgeber, der bereit wäre, ihm Geld vorzustrecken. Es ist zwar keine hohe Summe, die er dafür zur Verfügung stellen würde, aber man könnte das Werk wenigstens wieder anlaufen lassen. Klemens' Unglück ist nur, dass er nicht daheim ist, als dieser Geldgeber auf dem Hof erscheint und sich vergewissern will, ob Sicherheiten für sein Geld da sind.

Es ist ein Sonntagnachmittag im Frühling voll friedlicher Stille. Martin hat wieder einmal einen freien Sonntag und sitzt mit den Eltern auf der Bank vor ihrem Haus, als ein fremder Wagen in den Hof fährt und ein Herr aussteigt, der nach Klemens Pacher fragt.

Vom alten Pacher erfährt der Fremde die ganze Wahrheit. Der Alte beschönigt nichts und sagt dem Fremden geradeheraus, dass er sein Geld nur zum Fenster hinauswerfe, weil keine Sicherheiten mehr da seien.

Klemens kommt um eine Viertelstunde zu spät und wird kreidebleich, als ihm der gestern noch so aufgeschlossene Geldgeber erklärt, dass er sein Angebot zurückziehen müsse, weil er von dem »alten Herrn dort« erfahren habe, wie es in Wirklichkeit stehe.

»Ach so«, sagt Klemens in mühsam verhaltenem Grimm und fügt dann hochmütig hinzu: »Bitte. Wie Sie wollen. Ich bin auf Ihr Angebot nicht angewiesen, ich hab noch andere Geldgeber an der Hand.«

Mit zusammengekniffenen Augen sieht er dem Wagen zu, wie er aus dem Hof fährt. Dann verzerrt sich sein Gesicht, und der Alte duckt sich unwillkürlich unter dem Blick des Hasses, der ihn trifft. »Bist du jetzt zufrieden, dass du mir das vermasselt hast?«, schreit Klemens voll ohnmächtiger Wut und so laut, dass Magdalena bestürzt aus dem Hause kommt.

»Als wenn da noch irgendetwas zu vermasseln gewesen wäre«, antwortet der Vater und richtet sich zu voller Größe auf. »Was du vorgehabt hast, das war glatter Betrug. Schämst dich denn gar nicht?«

»Vor dir nicht, weil du ja nichts anderes kannst, als an mir herumzunörgeln! Selber hast du dich in deinem Leben nichts zu unternehmen getraut. Sich ins Austragshäuschen hinüberhocken, den Herrgott einen guten Mann sein lassen und sich auf meine Kosten vollfressen, das ist alles, was du kannst!«

»Klemens ...!«, schreit Magdalena in Entsetzen auf. »Versündige dich nicht!«

»Lass ihn nur«, sagt Ferdinand Pacher müde, geht ein paar Schritte vor und versucht Klemens anzusehen. »Was du mir jetzt gesagt hast, das vergesse ich dir mein Leben lang nicht mehr. Und – dass ich und die Mutter keinen Brocken Brot mehr nehmen von dir, das kannst du mir glauben! Wir werden schon woanders unterkommen.«

»Wenn du nur schon weg wärst, ich kann dich nicht mehr sehen! Geh nur auf der Stelle, ich treibe dich sonst mit der Peitsche vom Hof.«

Blind vor Wut, reißt Klemens die Peitsche von der Stallmauer. Und holt zum Schlag aus.

Hochaufgerichtet steht der Alte. Seine Augen sind weit aufgerissen. So erwartet er den Schlag, der aber nicht kommt, denn Martin steht plötzlich mit schussbereiter Büchse da.

»Leg die Peitsche weg, oder ich schieße dich nieder wie einen Hund!«

Mit einem Sprung duckt sich Klemens hinter seiner Frau. Martin zerrt ihn hoch, nachdem er dem Vater das Gewehr gegeben hat. Ein kurzes, keuchendes Ringen entsteht. Die Fausthiebe Martins treffen hart, und Klemens geht ächzend zu Boden. Martin wirft sich auf ihn und umklammert seinen Hals. Sie müssen ihn wegreißen, als sie sehen, dass Klemens schon ganz blau wird im Gesicht und nach Luft röchelt.

Da erst lässt Martin los und schließt seinen aufgerissenen Hemdkragen.

»So«, sagt er. »Jetzt ist mir wohler. Komm, Vater!«

12

Das erste Grau dämmert hinter den Bergen herauf, als sich leise die Tür des Austragshäuschens öffnet. Ferdinand Pacher, bepackt mit einem schweren Rucksack, zieht Antonia an der Hand hinter sich her.

»Komm nur, Antonia, komm nur. Bevor es Tag wird, müssen wir draußen sein bei der Ursula. Ich möchte nicht, dass uns jemand sieht in unserer Schande.«

»Mein Gott, dass ich das noch erleben muss. Ferdl, so schwer fällt es mir, von hier fortzugehen.«

»Ich glaub's dir, Antonia. Es ist mir genauso schwer ums Herz. Aber wollen wir denn noch bleiben bei einem, der die Hand gegen seinen Vater erhebt und uns das Essen vorwirft?«

»Das hätte er nicht tun dürfen, und es wird ihm kein Glück bringen. Mir tut nur die Magdalena Leid, und die Kinder auch. Die ganze Nacht hab' ich geweint.«

»Ich habe dich schon gehört, Antonia. Aber jetzt komm.«

Ach, was weiß sie, wie schwer ihm ums Herz ist! Ihm ist zumute, als führe ihn jeder Schritt, den er tut, zum Grabe hin. Jetzt braucht nur noch die Tochter unwillig die Brauen hochzuziehen und den Eindruck erwecken, als ob es ihr lästig sei, die Eltern aufzunehmen. Dann würde ihnen nur noch übrig bleiben, hoch droben in der Jagdhütte in dem Stübchen zu leben, das ihnen Martin angeboten hat.

Aber Ursula zieht nicht die Stirne kraus, und auch ihr Mann, der Anselm, ist bis ins Innerste erschüttert, als er die beiden alten Leute auf den Hof zukommen sieht. Martin hat ihnen in der vergangenen Nacht noch Bericht erstattet, und da die alten Langeneckers bereits gestorben sind, steht den Roßkoglerleuten das Austragshäuschen auf Langeneck zur Verfügung. Ja, da haben sie nun wieder eine Bleibe. Es ist ein Enkelkind da, dem Antonia sich widmen kann, und Ferdinand Pacher findet auch hier seine kleinen Beschäftigungen, ohne die er nun einmal nicht leben kann. Und doch ist es anders. Der Alte kommt über den Gedanken nicht hinweg, dass er hier in Gnade lebt und dort auf verbriefte Rechte verzichtet. Immer wieder gehen seine Gedanken über die Hügel hin zum Roßkogl, der, wie man mittlerweile hört, unter den Hammer kommen soll.

Indessen geht der Sommer über das Land hin. Anselm und Ursula bemühen sich, den beiden alten Leuten das Dasein so schön wie nur möglich zu gestalten. Ängstlich halten sie jedes Gerücht von ihnen fern, das über den Roßkogl umgeht. Martin verbringt ebenfalls jede freie Stunde in Langeneck. Und noch einer kommt regelmäßig fast alle vier Wochen: Der ehemalige Oberst Falkner, der jetzt wieder eine gut gehende Rechtsanwaltspraxis in München hat. Er war seit jenem Februartag vor Jahren immer wieder einmal zum Roßkogl gekommen und kennt die ganze Entwicklung dort. Und er müsste kein Rechtsanwalt sein, wenn er jetzt die alten Pachers nicht aufgeklärt hätte, dass sie ohne weiteres gerichtlich erlangen könnten, was der Sohn da drüben ihnen vorenthält, nämlich die Verpflegung und die 150 Mark monatliches Austragsgeld. Aber Ferdinand Pacher schüttelt sofort den Kopf.

»Mit dem auch noch vors Gericht? Nein, die Schande will ich mir ersparen. Als Sohn habe ich ihn verloren, als Prozessgegner will ich ihn nicht.«

»Sie bräuchten nicht als Zeuge aufzutreten. Ich übernehme den Fall für Sie, wenn Sie gerne möchten. Honorarfrei, versteht sich. Ich habe Ihre Hilfe von damals nicht vergessen, und es wäre mir eine Ehre, nun Ihnen beistehen zu können.«

Ferdinand Pacher aber bleibt bei seinem Nein zu diesem hochherzigen Angebot. Ihn bewegen ganz andere Gedanken. Aus zuverlässiger Quelle weiß er, dass der Roßkogl am fünfzehnten Oktober zwangsversteigert werden soll. Tag und Nacht überlegt er nun, wie er den Hof wieder in seine Hände bringen könnte. Er selbst will dabei aber nicht in Aktion treten. Aber vielleicht könnte Falkner das für ihn machen. Er bespricht sich mit ihm, und Falkner ist durchaus bereit.

»Zwanzigtausend habe ich noch auf der Sparkasse«, rechnet ihm Ferdinand Pacher vor. »Ein Verschwender bin ich ja nie gewesen. Und dann wäre ja mein Wald noch da, die sechs Hektar, die ich mir zurückbehalten habe. Als ob ich es damals gewusst hätte, dass ich den Wald eines Tages noch brauchen würde!«

»Was schätzen Sie, wieviel der Wald wert ist?«

»Eine ganze Menge, denke ich. Es ist zweihundertjähriger Bestand, und es stehen Bäume drinnen von durchwegs drei Kubikmeter. Es ist der beste Wald, den der Roßkogl überhaupt hat.«

»Was kostet der Kubikmeter?«

»Zurzeit hundertzehn Mark.«

»Das wären ja dann pro Stamm dreihundertdreißig Mark.«

»Und der Abfall als Brennholz extra.«

Falkner ist plötzlich von der Idee wie elektrisiert.

»Pacher, das machen wir auf alle Fälle. Ich will mir alles noch mal genau überlegen. Am nächsten Sonntag komme ich wieder.«

Ja, er kommt am nächsten Sonntag wieder. Diesmal ist eine junge Frau in seiner Begleitung, und diese junge Frau, in deren dunklem Haar sich zwei graue Strähnen hinziehen, ist seine Tochter Irene, die in dieser Woche endlich aus Sibirien heimgekehrt ist. Falkner ist wie ausgewechselt. Er strömt beinahe über vor Lebensfreude und ist voller Schwung. Vielleicht ist er der Meinung, dass seine eigene fröhliche Gemütsverfassung und seine Lebensfreude überspringen müssten auf seine Tochter, in deren Gesicht die Spuren noch nicht überwundener Strapazen gezeichnet sind. Sie sitzt teilnahmslos da und erfasst kaum die Wichtigkeit des Gespräches, das um einen Berghof geht, an dem sie alle leidenschaftlich hängen. Auch der Jäger, der vor einer Stunde gekommen ist und mit verbissener Hartnäckigkeit erklärt: »Wenn wir alle zusammenhalten, muss es gehen.«

In den Augen des alten Pachers leuchtet es kurz auf. Ach, mag er wohl denken, wäre doch Klemens, sein leiblicher Sohn, auch so wie dieser da, so voller Tatkraft und Zuverlässigkeit.

»Der Martin hat Recht«, ergreift jetzt Anselm, der Schwiegersohn, das Wort. »Und wir sind die Letzten, die nicht mithelfen würden, nicht wahr, Ursula?«

Die nickt und legt ihre Wange auf das Lockenköpfchen ihres Kindes, das in ihrem Schoß sitzt. Dann suchen ihre Augen Martins Gesicht, und sie erwischt ihn wieder dabei, wie sein Blick am Gesicht des fremden Mädchens haftet. Ein leises Lächeln spielt um ihren Mund.

Ja, irgendwie ist Martin heute verändert. Schon als er dieser Irene Falkner die Hand gereicht hat bei seinem Kommen, hat es ihn irgendwie erfasst.

Als dann der Kaffee aufgetragen wird, bemüht er sich so um das fremde Mädchen, dass es selbst dem alten Pacher auffällt. Martin schiebt ihr die Milch hin und die Zuckerdose und fordert sie auf:

»Langen Sie nur zu, Fräulein. Die gute Milch hat mich auch wieder hochgebracht, als ich damals aus der Gefangenschaft heimgekommen bin.«

»Und die gute Luft vom Roßkogl«, fügt der Alte hinzu. »Ja, hauptsächlich die Luft. Und für Ihre Tochter wäre sie auch gut, die Jachenauer Luft, Herr Falkner. Vielleicht will sie ja vier bis sechs Wochen hierbleiben, damit sie wieder zu Kräften kommt?«

»Warum eigentlich nicht?«, sagt Martin voller Eifer. »Das lässt sich ohne weiteres machen. Im Forsthaus zum Beispiel wäre gleich ein Zimmer frei.«

»So, so, im Forsthaus?«, fragt Ferdinand Pacher schmunzelnd. »Warum denn nicht gleich bei dir in der Jagdhütte oben?«

»Auch keine schlechte Idee«, platzt Martin heraus, wird dann feuerrot und greift in seiner Verlegenheit schnell nach einem Stück Hefegebäck, das in einer großen Schüssel auf dem Tisch steht.

Für den fünfzehnten Oktober ist die Versteigerung des Roßkoglhofes angesetzt. Aber zu dem Termin kommt es nicht mehr. Rechtsanwalt Falkner hat am Tag zuvor, nach langen, hartnäckigen Verhandlungen mit den Gläubigern, einen Zahlungsplan durchgesetzt, mit dem auch die Bank, der Hauptgläubiger, einverstanden ist. Der Hof geht rechtskräftig wieder auf den alten Roßkogler über. Die Ziegelei allerdings mit den Lastzügen und dem Bagger ist endgültig beim Teufel.

Von alldem erfährt Klemens Pacher, der das ganze Unglück heraufbeschworen hat, nichts mehr. In der Morgenfrühe des vierzehnten Oktober, als im Hof noch alles in tiefstem Schlaf lag, ist er in seinen Wagen gestiegen, davongefahren und nicht wieder aufgetaucht.

Die Alten, die nun wieder auf dem Roßkogl zurückgekehrt sind, bemühen sich rührend um die völlig verzweifelte Magdalena und zahlen ihr mit Güte all die Liebe zurück, die sie von ihr einst bekommen haben.

»Der ist es wirklich nicht wert«, sagt Ferdinand Pacher einmal zu ihr, »dass du dich so um ihn grämst. Einer, der seiner Frau und seinen Kindern davonläuft, dem soll man nicht nachtrauern.«

»Vielleicht hast du Recht, Vater. Aber er ist halt doch mein Mann und der Vater von meinen zwei Buben. Und wenn ich dran denke, dass es ihm schlecht geht –«

»Dem kann es gar nicht schlecht genug gehen«, unterbricht sie der Alte. »Der soll merken, wie es ist, sich alleine in der Fremde durchschlagen zu müssen.«

»Oder wenn er sich gar was antut?«

»Der Klemens? Dazu ist er viel zu feige. Und – wenn er wiederkommen würde, ein zweites Mal bekommt er den Hof nicht mehr in die Hände. Ich kann mir jetzt bloß wünschen, dass der liebe Gott mich recht alt werden lässt, dass ich so lange Bauer sein kann, bis deine Buben groß sind.«

So eilen die Wochen dahin, und die Tage gehen schon in den Advent hinein, als auf dem Roßkogl ein Brief mit ausländischen Marken eintrifft: Das erste Lebenszeichen Klemens Pachers seit seiner Flucht. Der Brief kommt aus Australien. Klemens bittet darin Magdalena um Verzeihung, und dann schreibt er, dass man da drüben das Geld viel leichter verdiene als in Deutschland und er hoffe, dass er in spätestens zwei Jahren sie, die Magdalena mit den Kindern, nachkommen lassen könne.

»Immer noch das alte Großmaul«, sagt Ferdinand Pacher, als er den Brief gelesen hat. Dann schaut er seine Schwiegertochter an. »Dich kann ich zwar nicht halten, Magdalena, falls du zu ihm nach Australien willst. Aber die zwei Buben bleiben da, dass die ihre Heimat verlassen, das lasse ich nicht zu.«

Da streckt Magdalena wie in trotziger Abwehr das Kinn vor.

»Nein, Vater. Ich bleibe hier. Nachlaufen werde ich ihm nicht. Ich habe auch meinen Stolz.«

Wehen Herzens, aber von der Notwendigkeit überzeugt, schlägt Ferdinand Pacher den Rest seines einstigen Austragsholzes, mit dem ein großer Teil der Schulden abgedeckt werden kann. Der Bartholomäuswald wird wieder aufgeforstet, und hierbei hilft selbst Antonia noch mit.

Ja, in diesem Frühjahr steht sie droben am Berghang und verteilt mit den Händen die lockere Erde unter die zarten Fichtenpflanzen. Sie tut es mit einem Eifer, als möchte sie es noch erleben, dass der Wind um die Wipfel rauscht und das Abendrot die Zweige liebkost. Dabei weiß sie selber nur zu genau, dass ihr nicht mehr allzu viel Zeit bemessen ist. Wenn sie nur vor ihrem Tod Klemens noch einmal sehen könnte! Sie schweigt über diesen Kummer, weil sie weiß, dass bei ihrem Ferdl das Thema Klemens nicht erwähnt werden darf, ja dass er sogar von ihr erwartet, dass sie selbst diesen missratenen Sohn aus ihren Gedanken endgültig gestrichen habe.

Als ob eine Mutter das könnte! Klemens ist doch trotz allem ihr Kind, das sie einst nach langen, bitteren Jahren der Kinderlosigkeit unter dem Herzen getragen, geboren, erzogen und geliebt hat.

Seit dem vergangenen Winter macht ihr das Herz sehr zu schaffen. Aber sie redet nicht darüber, und nur Martin weiß davon. Er versucht ihr immer eine Freude zu machen, wenn er sie besucht, und kommt niemals heim aus dem Wald, ohne ihr eine Kleinigkeit mitzubringen. Eine schöne Mistel im Winter zum Beispiel oder im Frühling jetzt ein paar Feldblumen.

Und Antonia freut sich, dass nun auch Martin endlich wieder lieben kann. Irene, die Tochter des Rechtsanwalts Falkner, deren schweres Schicksal so ähnlich mit seinem eigenen gewesen ist, wird Martins Frau werden. Die beiden tragen sich jetzt mit Bauplänen. Vater Pacher hat ihnen einen wunderschönen Bauplatz am Hang dicht hinter dem Roßkogl überschreiben lassen.

So geht das Leben auf dem Berg nun endlich wieder in geordneten Bahnen dahin. Manchmal kommt ein Brief aus Australien. Mittlerweile schreibt Klemens, dass es eventuell noch drei Jahre dauern könne, bis er Frau und Kinder nachkommen lassen würde. Scheinbar liegt das Geld auch dort drüben nicht direkt auf der Straße. Aber immer noch großspurig, dieser Klemens: »Ich werde euch nachkommen lassen ...«

Vielleicht schreibt er deshalb so, weil ihm niemand zurückschreibt, er solle wieder heimkommen.

Magdalena überlegt, dass es ganz gut ist, wenn Klemens dort bleibt, wo er ist, wenigstens vorläufig. Solange der Vater lebt, könnte Klemens ohnehin nichts anderes als der Knecht sein auf dem Hof, der ihm zuvor selbst gehörte, bis er ihn seinem Traum vom schnellen Reichtum geopfert hat. ›Gebe es Gott, dass der Vater noch lange lebt‹, denkt sie.

Und wie er derzeit lebt! Voll jugendlicher Kraft geht er über die Wiesen, auf denen vor dem Almauftrieb nun die Herde des prächtigen Simmentaler Viehs weidet. Er hat sich, da ihm der Wald nicht mehr die Einnahmequelle von früher sein kann, mehr auf Milchwirtschaft verlegt. Dazu mästet er Schweine und hat reißenden Absatz für alles, was er produziert. Ihm zur Seite steht mit ihrer jugendlichen Kraft die Schwiegertochter

Magdalena, die in diesem Frühjahr von einer Tante an die zwanzigtausend Mark geerbt hat. Dieses Geld wird in die Modernisierung des Hofes investiert.

Und die Buben wachsen heran. Manchmal betrachtet sie der Alte in stiller Versonnenheit und fragt sich dann in heimlicher Angst, ob einer von den beiden Blondschöpfen wohl die leichtsinnige Art seines Vaters geerbt haben mag. Um das feststellen zu können, bevor er sich entscheidet, welchem der Kinder er den Hof hinterlassen will, betet er nun jeden Abend, dass Gott ihn noch so lange leben lassen möge.

So sind zwei Jahre vergangen. Auf dem Hang hinter dem Roßkogl steht nun ein weißes Haus mit grünen Fensterläden. Hier haust Irene Pacher, geborene Falkner, und wartet voller Sehnsucht, dass ihr Mann, Martin Pacher, vom Berg zurückkommt. Martin ist inzwischen zum Förster befördert worden und eine geachtete Persönlichkeit im Ort.

Im Frühjahr des dritten Jahres, nachdem das Schicksal sie wieder auf den Roßkogl zurückgeführt hat, legt Antonia Pacher sich hin und steht nicht mehr auf. Ihre Kraft ist endgültig erschöpft. Das Herz will nicht mehr, und das erkennt auch der Arzt, den man ruft. Nur Ferdinand Pacher will es nicht glauben. Er kann es einfach nicht begreifen und steht ganz bestürzt vor ihrem Lager. Er sieht die müden Hände über der Bettdecke zucken und beginnt plötzlich zu weinen wie ein Kind.

»Aber, Antonia, was machst du denn da? Du darfst mich doch jetzt nicht alleine lassen. Ich brauche dich doch.«

Ein müdes Lächeln zuckt um ihren eingefallenen Mund. Obwohl sie die Hand vor Mattigkeit kaum heben kann, streichelt sie über sein weißes Haar.

»Ach, Ferdl, so gern habe ich an deiner Seite gelebt. Aber heute Nacht, da habe ich einen Engel nach mir rufen hören. Ich glaube, sie brauchen mich droben auch. Ich weiß nicht, warum ich noch nicht sterben kann. Aber es tut nicht weh, Ferdl, glaub es mir. Wenn man immer rechtschaffen gelebt hat, tut das Sterben nicht weh. Sei so gut, Ferdl, und schick mir den Pfarrer herauf. Ich möchte schon noch alles recht machen, weißt du, so wie ich es im Leben auch immer recht gemacht habe.«

Gekrümmt kauert Ferdinand Pacher am Bettrand und streichelt ihre kalten Hände.

»Wenn du gehst, Mutter, will ich auch nicht mehr dableiben. Was soll ich denn anfangen ohne dich?«

»Ein bisschen musst du schon noch dableiben, Ferdl. Bloß bis die Buben größer sind. Dann rufe ich dich schon, und ich – ich hebe dir ein recht schönes Plätzchen auf – neben mir, im Himmel droben, gell?«

Matt dämmert sie durch die Tage. Manchmal ist sie schon nicht mehr bei Bewusstsein. Und draußen scheint die warme Frühlingssonne. Die Bäume blühen, und die Vögel singen um die Wette. Alles, was sich regen kann, ist draußen auf den Wiesen. Und so trifft es sich, dass niemand im Haus ist, als Irene kommt, um nach der Kranken zu schauen. Sie stößt einen Schrei der Angst aus, als plötzlich ein bärtiger, groß gewachsener

Mensch im Flur steht und sie aus gehetzten Augen anstarrt. Der Mensch geht an ihr vorbei und geht die Stiege hinauf. Es kümmert ihn nicht, dass Irene hinausläuft auf die Wiesen und Hilfe herbeiruft.

Von irgendjemandem muss der Fremde erfahren haben, dass die alte Roßkoglbäuerin im Sterben liegt, denn er setzt seinen Schritt leise und drückt die Klinke der Krankenkammer ganz behutsam nieder. Dann bleibt er wie angewurzelt im Türrahmen stehen und starrt auf das Bett.

Regungslos liegt die alte Bergbäuerin Antonia Pacher da. Das hereinfallende Sonnenlicht funkelt auf den Medizinfläschchen und zittert über die wachsgelben Hände der Kranken hin. Jetzt bewegen sich diese Hände in Unruhe, und ihr Mund flüstert:

»Komm nur her, Klemens, ich weiß ja – dass es du – bist ...«

Wie ein Klotz stürzt er vor ihr auf die Knie nieder und gräbt seine Zähne in das Bettlaken, damit sie ihn nicht stöhnen hört. Er spürt die Hand der Mutter über sein Haar streicheln, dann bleibt sie in seinem Nacken liegen. Sie ist eiskalt. Noch einmal müht sie sich ab zu sprechen:

»Ich habe gewusst, dass du noch zu mir kommen wirst, bevor es mit mir zu Ende geht. Wie geht's dir denn?«

»Ach, Mutter, red nichts, frag mich nichts ...«

»Ja, ja – ich weiß schon. Das Heimweh war halt doch stärker. Aber jetzt bist du da – und du gehst auch nicht mehr fort, gell?«

»Wenn der Vater mich nicht wieder fortjagt«, antwortet Klemens. »Ich hätte es verdient, weiß Gott.«

»Ich habe gewusst, dass ich nicht sterben kann, bevor ich dich noch einmal gesehen habe. Und ... jetzt ... bist da. Komm her, lass dein Heimkommen segnen.« Sie hebt mühsam die andere Hand und fährt dem Heimgekehrten mit dem Daumen über die Stirne: »Im Namen Gottes ... des Vaters ...«, die Hand zittert zum Mund hin: »... des Sohnes ... und des Heiligen Geistes ...«

Wie ein Stein fällt die Hand plötzlich herunter und wird starr. Die andere liegt noch im Nacken des Sohnes.

»Mutter ...«, schreit er auf. Aber er bekommt keine Antwort mehr. Der Mund Antonia Pachers ist für immer verstummt, aber um die Mundwinkel liegt ein zufriedenes Lächeln, das letzte Freudenlächeln ihres Lebens.

Als Klemens Pacher sich aufrichtet, drängen gerade die anderen zur Tür herein.

Ja, davonjagen müsste man ihn wie einen Hund. Das denkt auch der alte Pacher. Aber so lange der Tod im Hause ist, soll kein Ton des Hasses oder des Zornes die Mauern erfüllen.

Hasst er diesen Sohn überhaupt? Sollte man ihn nicht eher bemitleiden, denn nach dem, was der Klemens so bruchstückweise erzählt, hat er auch in der Ferne kläglichen Schiffbruch erlitten. Und wenn man ihm glauben darf, ist es diesmal nicht seine Schuld gewesen. Aber andererseits: Wann hätte Klemens Pacher jemals zugegeben, an irgendetwas selbst schuld zu sein?

Er hatte mit einem Partner zusammen eine Hühnerfarm aufgemacht. Das Geschäft ging am Anfang recht gut, aber eines Tages war der Kompagnon mit allem Geld spurlos verschwunden. Klemens hatte alles versucht, um sein Unternehmen zu retten, aber das Schicksal war gegen ihn. In den Ställen, die er nur pachtweise innehatte, brach die Hühnerpest aus, und eines schönen Tages stand er ohne Geld, verlassen und einsam in der fremden Welt. Das Heimweh packte ihn mit jäher Gewalt, und mit dem Heimweh kam dann auch die bittere Erkenntnis, dass er sich sein Leben selber verpfuscht hatte. Scham und Verzweiflung haben ihn gepackt, und die Sehnsucht nach seiner Frau und den Buben hat ihm fast das Herz zerrissen.

Schließlich hat er dann auf einem Frachtdampfer als Aushilfsarbeiter unterkommen können, der ihn nach langer Irrfahrt wieder in die Heimat gebracht hat. Man sieht es ihm an, wie schwer er an allem leidet, an der Verachtung des Vaters, an dem immer noch unsicheren Verhalten Magdalenas und an dem Misstrauen und der Zurückhaltung seiner Buben, die einen weiten Bogen um ihn machen, weil sie nicht wissen, was sie damit anfangen sollen, dass sie nun plötzlich einen Vater haben.

Bei der Beerdigung der Mutter gebärdet er sich wie ein Rasender und gibt seiner Trauer so heftigen Ausdruck, dass ihn der Alte unauffällig, aber gar nicht sanft in die Rippen stößt und ihm zuzischt: »Reiß dich gefälligst ein bisschen zusammen.«

Als alles vorüber ist, versammelt sich die Verwandtschaft im Postwirtshaus zum Leichenschmaus. Nur einer geht abseits und verschwindet auf einem Feldweg bergwärts. Klemens, der Heimgekehrte.

Den Hut weit aus der Stirne geschoben, geht er dahin. Auf der ersten Bergwiese, die zum Roßkogl gehört, setzt er sich hin, legt den Hut neben sich ins Gras und verschränkt die Hände über die aufgezogenen Knie. Nichts mehr von seinem früheren Hochmut ist in ihm. Ein zerknirschter, vom Schicksal gedemütigter Mensch sitzt im warmen Sommergras und schaut wehmütigen Herzens zu den weißen Schäferwölkchen auf, die langsam am Himmel hinziehen. Ein Mensch, mit zerfurchtem Gesicht und gänzlich leeren Händen, der mit müdem Blick in eine Zukunft schaut, von der er nicht weiß, wie sie aussehen wird.

Wenn er nur wüsste, wie Magdalena zu ihm steht. Bisher ist sie ihm ausgewichen. Oh, er hat es schon gehört, wie sie den Schlüssel ihrer Schlafkammer umgedreht und sich mit den Buben eingesperrt hat, während er in einer Kammer geschlafen hat, die an den alten Pferdestall grenzt, wo es nach Leder und Pferdeschweiß riecht.

Plötzlich wirft er sich ins Gras und weint bitterlich. Er weiß nicht, wie lange er so liegt und hat auch nicht die näher kommenden Schritte gehört. Er spürt nur plötzlich die Nähe eines Menschen und wirft sich herum, starrt in die Augen seiner Frau, die vor ihm kniet und ihm nun mit der Hand über seine Stirne streicht. Da umklammert er sie mit beiden Armen wie ein Ertrinkender und drückt sein Gesicht gegen ihren Hals.

»Ach, Magdalena, wenn du mir doch verzeihen könntest, was ich dir angetan habe!«

Sie richtet sich ein wenig auf und schaut ihn lange an. Dann zuckt ein kleines Lächeln um ihre Mundwinkel.

»Ich muss dir ja verzeihen, Klemens. Ob ich es jemals vergessen kann, das weiß ich nicht.«

»Du sollst es auch nicht vergessen, Magdalena, und du darfst mich immer an meine große Schuld erinnern. Wenn ich nur bei dir bleiben kann, bei dir und den Buben.«

»Ja, Klemens, sei wieder daheim bei mir und bei den Buben. Bloß, dass dir der Vater – du weißt ja, dass der Hof wieder ihm gehört –, dass er ihn dir ein zweites Mal gibt, das glaube ich nicht.«

»Ich will den Hof gar nicht mehr. Die Buben sollen ihn einmal bekommen, und ich – ich bin zufrieden, wenn ich dein Knecht sein darf, Magdalena.«

Ein schelmisches Lächeln spielt um ihren Mund.

»Mit dem Knecht allein ist mir nicht gedient, ich will schon auch den Mann wieder.«

Dann steht sie auf.

»Komm, Klemens, gehen wir heim.«

»Ja, heim, Magdalena. Und nie mehr fort.«

Ferdinand Pacher bleibt zurückhaltend. Und doch muss er Klemens heimlich Anerkennung zollen. Ohne Murren und ohne jemals nur zu zögern, packt Klemens die niederste Knechtsarbeit an. Er arbeitet und werkelt wie ein Besessener, und es ist gerade, als wolle er alles, was er einst leichtfertig vertan hat, wieder hereinholen.

Noch tasten sie aufeinander zu wie zwei Gegner, und eines Tages findet dann auch der Vater das verzeihende Wort.

»Ich möchte glauben«, sagt er, »dass du wirklich ein anderer Mensch geworden bist. Mir aber darfst du es nicht verdenken, wenn ich mein Misstrauen noch nicht ganz abschütteln kann. Aber reden wir nicht mehr davon.«

So findet eins allmählich wieder zum anderen. Vielleicht hat all das Unglück erst über den Roßkogl herziehen müssen, um seine Bewohner wirklich zusammenzuführen. Klemens hat einige Zeit gebraucht, um sich die Herzen seiner Buben wieder zu erringen. Aber nun hängen sie an ihm wie die Kletten. Er ist der beste Vater und Mann jetzt, den man sich denken kann.

Auch zu Martin findet er wieder, und Martin zu ihm. Und als das Jahr sich dem Ende zuneigt, ist Ferdinand Pacher fest davon überzeugt, dass er nun ruhigen Gewissens seinem Sohn Klemens den Hof ein zweites Mal übergeben kann. Aber er traut seinen Ohren kaum, als Klemens ganz ruhig, ja sogar lächelnd, sagt: »Nein, Vater. Es gibt Menschen, denen darf man nichts Wertvolles in die Hände geben, weil sie damit nichts anzufangen wissen und dann bloß auf dumme Gedanken kommen. Und zu dieser Sorte gehöre ich. Ich fühle mich so, wie es jetzt ist, am wohlsten. Überschreib der Magdalena oder den Buben den Hof. Ich will in meinem Leben nichts anderes mehr sein als das, was ich jetzt bin.«

Und so geschieht es auch.

Klemens' Wandlung zum Guten hält an. Umsichtig geht er der Arbeit auf dem Hof nach, der einmal sein Eigentum gewesen ist, aber das nie wieder sein wird. Er weiß ja, dass er Sorge dafür tragen muss, den künftigen Besitz seiner Söhne zu erhalten und zu verbessern, und seine Aufgabe betrachtet er als die eines gewissenhaften Verwalters.

Zornesausbrüche kann bei ihm niemals mehr jemand beobachten.

Was mag kommen, wenn die nächste Generation den Hof übernehmen wird? Wird es dann einen Pacher geben, der die Sorge um den ererbten Besitz ernst nimmt oder einen, der leichtsinnig alles aufs Spiel setzt?

Allein, wie steht es im Familienbuch der Pacher? »Ohne Gottes Willen fällt kein Sperling vom Dach ...«